古典派経済学再考

古典派経済学再考

トーマス・ゾーウェル
THOMAS SOWELL

丸山 徹……訳

Classical Economics Reconsidered

岩波書店

CLASSICAL ECONOMICS RECONSIDERED
by Thomas Sowell

This Japanese edition published 2024
by Iwanami Shoten, Publishers, Tokyo
by arrangement with Carol Mann Literary Agency, New York
through Tuttle-Mori Agency, Inc., Tokyo

序

四つの読み物からなる小冊が、十年以上にわたって読み継がれ、またこれが初めて刊行されてから二十年の後に再刊されるはこびとなった。これは、著者にとっての私的な喜びごとであるばかりでなく、それにも増して、経済学の古典的創始者によって語られた、色褪せることのない問題の不朽の生命力に捧げられる餞《はなむけ》でもある。

これらの創始者たちが——とりわけアダム・スミスとデイヴィッド・リカードォ、それにT・R・マルサスとジャン＝バティスト・セイによる主要な貢献を合わせて——経済学についての最初の著述家であったというわけではもちろんないし、また深く理を尽くした最初の著述家であったというわけでもない。偉大な哲学者デイヴィッド・ヒュームは、聡明な筆運びで経済学の著述を遺した。(1) そこに示された理解には、現代の経済学者でも敬意を表わさねばならぬであろうし、また今日の政治家にせよそこに学びうるものがある。さらにヒュームは、彼の友人アダム・スミスが経済的地代と価格との関係について述べた言明に、あえて異を唱えさえした。(2) しかもそれは極めて正しい意見であった。

一七七六年にスミスの『国富論』が現われる数十年前に溯ってみると、これ以外にも、経済学に関する才気溢れる論綱が既に世に存在していたのである。たとえば、フェルディナンド・ガリアーニ（一七五一年）、リチャード・カンチロン（一七五五年）、それにまた重農学派のさまざまな学者による洞察に満ちた経済上の著作などがそれである。しばしばスミスと結び付けて語られる自由放任という言葉は、重農学派の人々が鋳造したものである。アダム・スミスおよびデイヴィッド・リカードォが成就したことは、弟子、修正者、および追随者をもつ持続的な学派を樹立したことであった。その時代の経済学が彼らの仕事を基礎として建設されたばかりでなく、二十世紀の経済学もまた、これを土台にしてきたのであった。本質的な内容には変わりのないまま、考え方の外形がいかに大きく変わろうとも、そう言ってよいのである。

その歴史的な役割にかかわらず、「古典派経済学」という呼び名自体が、ケインズ派の人々によって用いられる場合、不面目な響きをもつ言葉であったことは記憶に新しいところである。その意味するところは、よく言って、新しい啓示の時代に生まれるという祝福を受けなかった経済学者、あるいはより悪く言えば、この啓蒙の時代に生きながら、依然としてケインズ派の教えに頑なに目を鎖したままの経済学者ということである。しかし今日ケインズ派の学説は、マネタリストや他の経済理論からの挑戦を受け、またそれ自身の予測と処方箋の失敗から苦い水を飲んで、それはもはや聖書の如き地位にとどまることはできない。「古典派経済学とは何か」という問題のケインズ派的とらえ方にしても、こうなるとそのままでは受け入れ難くなっている。いまわれわれは経済学を創設した巨人たちの足跡と分析との実像を、自由な目で見る位置に立っているのである。

これから語る諸章において明らかになるはずであるが、古典派経済学者は新しい学問領域のための新しい概念を定義するという問題に精魂を傾け、透徹した目をもつ緻密な思想家であった。彼らは精神の新しい宇宙を拓き，一方でその学説を朋輩たる人類の物質的福祉に影響する実際上の問題への有益な案内役たらしめようと試みたのである。アダム・スミス，デイヴィッド・リカードォ，ジョン・スチュアート・ミル，それに彼らの弟子や補足的な役割を果たした人々を加え，われわれはそこに，極めて深刻な問題に携わるまことに思慮深い人々の姿を見るのである。専門化の波はまだ，技術的な妙技を披露したり，他の人間をモルモットとして使った「派手な」政策的実験に心を奪われるところまでは達していなかった。

古典派の時代においては，「政治経済学」という言葉は平明で，率直な意味をもっていた。つまり，家政の経済学とは区別された，社会あるいは政体の経済学がその意味するところである。全く同様のとらえ方で，ウィリアム・ゴッドウィンの一七九三年の著述『政治的正義に関する研究』は，今日なら「社会的正義」と呼ばれることがらに関する研究であった。政治的という言葉は，単に社会的であることを意味し，イデオロギー的であることは意味しなかった。歴史のなかの一定のつながりにおいて特定の意味をもつ言葉をつかまえ，これを只今現在の脈絡にあてはめて，古典派経済学者がイデオロギーに駆られ，今日「政治経済学」と自称する類《たぐい》の独断的物言いに筆を染めていたとでも言おうとするのは，俗説とまでは言わないまでも，よく言って時代錯誤であろう。知的な活動を手段をかえての単なる政治のつづきと考える人々が，信条としてこの姿勢を採るのは勝手である。しかしそのような説は，過去の他人が自らの共謀者あるいは先駆者であったと主張する根拠にはならないのである。たしかにリカードォの『経済学及び課税の原理』は，数学を用いずに達しうる限りの抽象的著作で，リカードォの社会哲学や政治的方向性を知りたいと考える者は，他の典拠からそれを調べなければならないであろう。

古典派経済学者が「真に」試みようとしていたものは何か——、現代の単純還元主義者たち(訳注1)はこれを明らかにしようとするのであるが、観念の歴史上、誰れにも劣らず明朗公正であった——仕事のうえばかりでなく、その人生においても明朗公正であった思想家たちの記念碑的著作と並べてみるとき、これは小ぢんまりと安っぽく見えるものである。古典派の人々は、学者同士のこぜりあい、恩着せがましいたくらみ、あるいは政治的な領域で影響力を売り歩くようなことには全く心を煩わさなかった。リカードォとミルは一時、議席を占めていたが、政界の中で根から反政治家の立場にあったし、その政治嫌いも明白であった。リカードォは一貫して、彼自身の利害にもまた彼の階級の利害にも相反する案に一票を投じる人であった。一世代の後ミルも、今日なら「有権者の御用承り」とでも称されることや安手な選挙運動に携わることには、何であれ拒絶の姿勢を示した。

アダム・スミスは、『国富論』を書くために十年間の歳月を捧げたが、今日の「書き捨て御免」の世の中では、そんな骨折りは一文にもならないのであろう。実際、スミスの全著作目録を作って、それを、アイヴィー・リーグで身分保証つきの職を求める野心的な助教授の著作目録と比べてみたとすれば、それは書類のうえでは見栄えがしないであろう。ただその質が問われるときにはじめて、スミスは名誉を回復するのである。スミスは休講を余儀なくされたときいつでも、学生の授業料を還付すると言い張った。しかし今日ではやはり、その例に倣う者が多数いようとも思われない。

古典派という言葉はカール・マルクスの造語であるが、彼はスミスやリカードォを階級の弁護者として責めることは決してせず、専ら自らとは見解の相容れない思想家として遇した。おそらくこれほど、古典派経済学者の高潔さを明白に示すものはあるまい。実際マルクスは、とりわけスミスについては、彼が誤謬とみなす点を指摘した場合でさえも、誤りが犯された時代を背景とすれば、つまり学問上海図なき領域をスミスが切り拓いていった時代においてみれば、その誤りも「歴史的に正当化される」ことを併せて示そうとしたのであった。(3) リカードォについては、マルクスはリカードォの賃金の定義を相対的分け前として考えることに賛成したばかりでなく、自らの社会哲学をこの定義の中に読み込もうとした。(4) もっとも事実のうえでは、リカードォは彼が実質賃金の絶対水準よりも相対的分け前の方が社会的により重要と考えていたといういかなる指摘も、これを退けたのであった。(5)

古典派経済学者が美徳の模範であるとは言えないまでも、われわれのように人間の可能性を見出すことに限られた力しか持ち合わせない者にとっては少なくとも、極めて模範に近い存在であった。確かに彼らの意図については、殆ど非難を加えることができないのである。ミルの『自由論』は誤解されるほどに多くの敬意が集まるという厄介な含みをもつ作品であるが、これについてさえ、その意図を咎めることはできまい。(6) 他の人々の手になる、価格理論および集計的な均衡所得理論の有望な先駆的研究を、ミルが粗雑に歪曲したことにより、彼はいくつかの点で経済学の発展を逆行させたとみることもできよう。そして実際、私も他の箇所でそのように述べたことがある。(7) しかしこれは悪意なき誤解であって、一部はリカードォへの忠誠心による目の曇りであった。

では古典派経済学が今日のわれわれに語るべきことは何であろうか。古典派の分析は既に最近の教科書に組み込まれ、古典派の洞察は図表や方程式に形を変えて生きているのではないか。そしてまた古典派の誤謬や過誤はことごとしくないようにうまく覆い隠されているのではなかろうか。確かに経済学の学位や身分保証つきの職を得るため、あるいは経済諮問委員会に席を占めるためには、スミスやリカードォの本など一行たりとも読む必要はないであろう。しかしなおも極めて旧套なる人がいて教養ある人間になりたいと願うならば、観念が如何に生成展開し、論争の成り行きがその両陣営を如何にして二進《にっち》も三進《さっち》もいかぬところへ追い込んでしまうのか――これの理解に資することは、その教育の一部を成すものでなければなるまい。また教育の目的は、虚偽に対する抵抗力をつけることにあると言った人がいる。今日ほど、その意味での教育が必要とされる時代はないであろう。とは言え、あまりに多くの上級高等教育機関自体が虚偽を一山いくらで卸売りし、またこの虚偽に異論を唱える人を抑圧する機関に堕しているのである。(8)

如何に多くの高慢なナンセンスと低俗な歪曲が古典派経済学に向けられてきたか、これを理解することはただそれだけで重要な教育の一端を授けられたことになるであろう。観念が如何にその時代の経済的社会的条件から生まれるかを説く魅力的で壮大な理論がある。しかしこれは経済分析の発展を説き明かすにせよ、あるいはあっさりと片付けるにせよ、絶望的な試みに多くの人を落とし込むのである。確かに、ひとつの時代の偏向を反映した経済的観念は存在する。たとえば一九三〇年代の大恐慌の時代のケインズ経済学はおそらくその主要な事例であろう。しかしそのような事例を一般化することは致命的な過誤につながるのである。傑出した学者であった故ジョージ・J・スティグラーはこう述べている。「戦争は新たな理論的問題を提示することなく、一大陸を荒廃せしめ、一世代を破壊する」(9)。ある観念や一連の思想がなんらかの出来事あるいは状況が契機となって生み出されたとしても、それに含まれる意味合いがはっきりした形を成すには、幾十年、幾世紀の歳月を要するかもしれないのである。ひとつの知的な学問領域を構成するものは、その分析をつきつめる作業と、そのための特定の分析方法とであって、それは単なる研究対象とは区別されなければならない。これが物理学をして物理学たらしめ、経済学をして経済学たらしめるものである。そして学問内部のつくりを定め、分析を成就するための前向きの作業のあり方とを規定するこの要因こそが、観念を生み出す本来の原動力を成すものであって、それは現実から全面的に遊離するものではなく（そうありたいものと願う）、しかし外的な事象に安易に依拠するものでもないのである。

カテゴリー的な言葉によって提示される多くの疑問と同様、観念とそれをとりまく状況との関係をめぐる疑問は、究極には程度の問題と言えよう。しかしそのために死に、そのために人を殺めようとする問題を含むあらゆる人間存在の問題はすべて同様なのである。手短に言えば、経済学の発展における斬新な知的成果の多くが、同時代の出来事を反映していると言おうとしているのか、あるいはたとえば単に、一八七〇年代の経済学における限界革命の中で勢いを得た一連の思想が、ある出来事あるいはある状況の中に――それが一世代前でも一世紀前でも千年の昔であっても、ともかくあるとき、あるところで、そして何らかの仕方で――源を発していると言いたいのか、それが重大な問題である。すべてを説明する理論は何も説明しない――後者の述べ方に伴って生ずる問題はこれである。

ニュートンが重力の理論を開発したときに、落下物体が一層見なれた事象となり、重大な問題になったというのであろうか。アインシュタインが相対性理論を作った時期には、何か一層相対的になったものがあったとでもいうのであろうか。相互に矛盾する理論が同時に現われたとき、この双方がそれを取り巻く環境から生まれることは如何にして可能なのであろうか。

特定の時代の出来事と観念の密接な結びつきを主張する多くの人々はまた、えてして彼らの観念の特定の一組を周囲の世界に押し付けようとする類に属する。このことは心に留めてよいことであろう。「理論と実践の一体化」という幾分もったいぶった言い方は結局、考え方と気まぐれを他の人々の犠牲において徹底的に試すべきことを意味するのである。二十世紀の歳月は、何千万人もの命と引き換えに、この傲慢な試みが恣《ほしいまま》に行なわれてきたことを見てきたのであった。その最も長く続いた事例はソヴィエト連邦のそれであろう。しかし一九九一年の終わり、ソ連国民自身がこの実験を拒否した結果、この試みは幕を閉じたのであった。

古典派経済学は持続性のある方法論上の問題を提起した。それは意図的でなく、そしてそれだけに一層緊要な注意を要するものであった。全く異なった前提と概念——例えば静学対動学といった——を使って研究を進める異なった経済学者グループの間に、セイの法則をめぐる論争が生じ、その悲喜劇の多くは、各陣営が使う前提や概念が何であるかを殆どあるいは全く語らないままに演じられた。各陣営が他の陣営の研究を自分自身の概念的な枠組みにはめこんで読んでしまうために、粗雑に歪められた理論や信念を他陣営のものとして考えることになった。これは特にリカードォ派の人々がシスモンディやマルサスを読むときに当てはまることである。「一般的過剰生産」をめぐる長い論争は一八二〇年代に終わりを告げ、遅ればせの理解が達せられた。ところが一八四八年に出版された古典『経済学原理』の中で、J・S・ミルが元の木阿弥の誤解に逆戻りしたために、このような遅れてきた理解は台無しになってしまったのであった。[10]

誤解を理解することほど、そして善意の教養ある人々の中に誤解が如何にして生まれ、如何にしていつまでも続くものか、これを理解するほど貴重なものはない。古典派経済学の研究の中にはそれを示す豊かな事例と、重大な誤謬が如何にして犯され、そのような誤謬に対する批判が如何にして言葉のあやで去《い》なされる結果になったのか、これを掘り下げて研究すべき問題が多数含まれている。たとえばマルサスの人口理論における致命的な論理の誤りを理解すること、ただそれだけでひとつの教育となる。また二百年にわたってそれと真っ向から矛盾する証拠が提出されているにもかかわらず、依然くっきりと姿を残している問題や、大手を振ってまかり通っている理論への洞察を深めることにもなるのである。

最後に古典派経済学者は専門的な道具だてや、われわれの時代ではごく普通に行なわれているイデオロギー的なまやかしを用いずに色褪せることのない問題を説いているので、初めて経済学を学ぶ学生でも手軽にこれらの問題を考え、理解することができる。『古典派経済学再考』は学生たちに理解してもらえるように書いた。ただし、彼らを教える立場にある方々にも何か参考になるところがあれば幸いである。

フーヴァー研究所
スタンフォード　カリフォルニア
トーマス・ゾーウェル

目次

謝辞

本書のいくつかの部分にご意見を寄せられたカリフォルニア大学ロス・アンジェルス校のウィリアム・R・アレン、アール・A・トムソン両教授、ならびにカリフォルニア大学サンタ・バーバラ校のジェラルド・P・オドリスコル教授に感謝の意を表する。

トーマス・ゾーウェル

第一章

社会哲学

経済学の発達における古典期は、知性史の重要な一章を形作るものであり、その内容には生成展開する諸概念の一般的意味づけ、論争の起承転結、および方法論上の基本的問題が含まれる。しかしそこに示される事例も洞察も、神話や画一化のヴェイルの背後で見失われてしまうことがあまりに多いのである。古典派経済学者にまつわる社会的保守主義、市場に対する盲目的な信頼、恐慌の否認、そして生存費賃金にまつわる暗い予見については誰れもが耳にしたことがあろう。これらは事実に照らし合わせてみれば、粗雑にして不正確な特徴づけなのであるが、それと同時に文献上では疑いをさしはさむ余地のないことがらとなってしまっている。

古典派経済学者の議論に見られる言葉づかいの曖昧さと一貫性の欠如は、あまりにも日常茶飯のことだったので、それをあらためて考察しなおす場合にはいつでも、基本的な問題から始めなければならない。たとえば、古典派経済学者と呼ばれるのは誰れだれであるか。これら特定の諸個人が共通の呼称で一括りにされているけれども、彼らが共有する何がそうさせるのか。彼らの時代の知性史および社会史の中でその役割は何であったか、などの基本的問題がそれである。古典派経済学の主要な本質的命題をめぐっては、長年にわたり膨大な解釈文献が蓄積されてきたが、それにもかかわらず、いや幾分かはそれゆえに、いまなお洗い出し、定義を与え、分析を加えることが必要である。現代経済学や知性史一般に対するその役割と意義を理解するためには、彼らと同時代の人々および現代の解読者による古典派経済学に対する批判もまた、考察しなければならないであろう。

古典派経済学の意味

「古典派」経済学者と呼ばれるのは誰れのことなのであろうか。古典派という言葉を鋳造したカール・マルクスの定義から、それに最も広い意味を与えたジョン・メイナード・ケインズの定義にいたるまで、この言葉の規定の仕方には広がりがある。マルクスにとっては英国の古典派経済学は、サー・ウィリアム・ペティに始まり、リカードォに終わる。(1) またフランスのそれは、ボワギュベールからシスモンディに至る時代にわたっている。両国ともそれは、十八世紀への転換点から十九世紀の初めの二十年間に広がっているのである。マルクスの見るところによれば、古典派経済学の顕著な特徴は経済的過程における人間的諸関係、今日の言葉でいう「経済社会学」に力点が置かれたことであった。これは、狭く定義された経済現象を強調する「俗流経済学」と対照をなすものである。(2) マルクス自身もそうであったように、古典派経済学はもちろん、人の手を離れた狭い意味での経済現象をも扱った。しかしマルクスによれば、それはただ、より一般的な社会的関係を説明する一こまとしてのことであった。この点について、古典派経済学者をめぐるマルクスの批判は、古典派の人々が抽象度の異なったふたつの種類の研究を（彼が『資本論』全三巻においてなしたように[3]）明確に分離しなかったことを衝《つ》くものである。[4] マルクスは明らかに古典派経済学者たちをマルクス経済学の先蹤者と考えていた。それはマルクスの巨大な経済思想史『剰余価値学説史』の表題を見ればわかることである。

　ケインズによる古典派経済学の定義もまた、同じように意図的で自己本位であった。その定義には、リカードォ以降の経済学者のうち、セイの法則を棄却しなかったすべての人々が含まれている。[5] こうすることによってケインズは、『一般理論』が刊行されるわずか数年前の著作も「古典派」の中に含めることになった。しかもこれらの著作に説かれた学説は、同時代のある有数な経済学者の目には、「ケインズ氏自身の学説と同様、著しく異様でしかも新奇な[6]」ものと映ったほどであった。さらに、はじめから提起された深刻な問題もあった。つまりケインズが、彼の定義による「古典派経済学者」の属性として挙げることどもを信じていた、誰れであれ名指しのできる経済学者群など、そもそも存在したのであろうかという問題がこれである。たとえば、貨幣の流通速度は景気循環のあらゆる局面を通じて一定にとどまるという命題は、ケインズが反駁されるべき古典派の主要学説と考えたものであった。[7] しかしデイヴィッド・ヒュームから今日に至る主要な経済学者の中で、ともかくもこのような学説を主張し、あるいはそれらしいことを言った人など、確かに誰れもいないのである。実際、古典派および新古典派の経済学者の多くは、流通速度の一定性を極めて明示的に否定したのであった。[8]

マルクスとケインズによる古典派経済学についてのふたつの古典的定義は、いずれもごく特異なものなので、この言葉を一般的に用いるためにはこれらとは別の拠り所を求めなければならない。「古典派」経済学という言葉の中には、これによってある学説や方法論を示すとともに、何か敬称としての意味が含まれている。つまりこれには、この分野の巨人たち――アダム・スミスとリカードォを指し示す意味がある。しかし、同じ学説を通俗化し、より著名な経済学者たちにもまして一層幅広い聴衆に直接届く言葉で語ったともいえるハリエット・マルチノーやジェイン・マーセットはその範囲に含まれない。他の分野でも同じであろうが、経済学では「古典的」という言葉は通常、同一の分野におけるその後の発展の出発点として役立つ、権威ある伝統を樹立した何ものかを意味するのである。アダム・スミスの用いた概念や理論の多く(あるいはすべて)は、弟子も残さず、持続的な学派も創らなかった数多くの先蹤者の著作の中に散在しているのを見出すことができる。そうであってもなお、右に述べた意味では、アダム・スミスは古典派経済学の創設者と呼ぶことができるであろう。

『国富論』の上に築かれた権威ある伝統は、一八七〇年代の限界革命に伴う大きな変化を経験したので、古典派経済学の始めと終わりは、およそ百年間の隔りを以て納得のいく仕方ではっきり決めることができる。この時間的広がりの中で、あらゆる意味において明らかに古典派と呼ぶべき人が三人いる。つまり、アダム・スミス、デイヴィッド・リカードォそしてジョン・スチュアート・ミルの三人である。また同格とはいえないまでも、同じ伝統の全き一翼を担う他の人々がおり、このグループの最良の代表者はジェイムズ・ミルとJ・R・マカロックである。さらにこのほかにも、方法や結論のすべてを共有しているわけではないが、古典派経済学に鍵となる概念を寄与した人々もいた。たとえばＪ－Ｂ・セイ、彼の名を冠した法則は古典派の伝統の中に埋め込まれているが、しかし古典派の価値理論には反論を唱えた人物である。Ｔ・Ｒ・マルサス、その人口理論は古典派経済学の中央に座を占めるが、価値理論とセイの法則については異端の立場に立つ屈指の学者であった。そしてサー・エドワード・ウェスト、彼はマルサスとともに収穫逓減の法則と「リカードォ派」地代理論の発達に寄与したが、古典派経済学の一般的発展には加わらなかった。学派への貢献の大きさはこれほどとはいえないまでも、セイやマルサスとともにいくつかの点では古典派の特徴を共有するが、他の点ではそうではない経済学者がほかにもいた。ロバート・トーレンズ、ナッソー・シーニオワおよびカール・マルクスがこれらの中での傑出した人々に数えられる。[9] 古典派経済学の中には、どこから見ても、古典派経済学者とみなされる人々に起源をもつわけではない基本的な考え方が含まれている。それゆえ手みじかに言えば、古典派経済学者とは明確に定義された一群の経済学者を指すものではなく、なにか小さな硬い核のようなもので、その輪郭はやがてより大きな陰影の中に薄らぎ消えていく、すなわち顕現する全体像の本質的な部分と形容されるべきであろう。

同時代、そしてその後の解読者による古典派経済学の批判は、次のふたつの範疇に分類されうる。第一は、古典派の方法と結論の基礎にある哲学についての批判であり、第二は、古典派経済学を形作っている実質的な経済分析についての批判である。哲学的な批判には、方法論についての批判とともに社会的価値、古典派の一般的道徳理論および客観的事実に基づく理論全般の批判が含まれている。批判の対象になった実証的経済学の命題には、古典派経済学のあらゆる主要命題が含まれていた。すなわち、労働価値説、セイの法則、マルサスの人口理論、そして貨幣数量説などである。

この第一章においては、古典派の社会哲学を論じよう。そのうえで古典派のマクロ経済学、ミクロ経済学へと進み、そして最後に経済学の範囲と方法についての古典派の分析を取り上げようと思う。

古典派経済学者の「保守主義」

古典派経済学者はしばしば現状の擁護者として、既存の社会経済的権力（および実践）の弁護者として、また経済への恣意的干渉を不要かつ有害とする「自然調和」の信奉者として描き出される。時には、われわれの時代の「複雑な」状態と比べて、彼らの時代の「より単純な」状況が古典派理論と一層適合的であったという理由から、彼らの立場が釈明されることもある。他の時代の複雑さについてわれわれが有する知識など、えてして幼稚かつ浅薄であって、これに疑いを入れる余地はない。まして、十八世紀あるいは十九世紀の社会が二十世紀の社会より幾分か単純であったのかどうか、これを示す一片の証拠とても存在しないのである。さらに、自由放任の世界から自由放任の経済学が生まれたと考えるのもおかしな話しである。(10)

富の移転と生産

一七七六年にアダム・スミスの『国富論』が刊行されたとき、重商主義は理論的には既に攻撃の対象となり、実践的には崩壊の兆しが見え始めた正統派的教義であった。とはいえ、理論・実践の両面においてそれは依然、優勢な力を持っていたのである。重商主義者はその頃もなお、貿易の剰余を生み出すべく企図され、すみずみまでゆきわたった経済統制の巨大な陣立てを振興し、支持していた。そのためには、国際市場において商品を外国勢よりも安く売るように労賃を低く抑え、下層階級の人々の犠牲によるところが大きかったのである。一方ではあいかわらず、国内の商人や製造業者たちに相当な利益を許すものであった。アダム・スミスは、単に政策面だけではなく、「富」や「国民」などの言葉が何を意味するかといった基本的諸概念についても重商主義者と対立した[訳注1]。

重商主義者は富という概念を競争の尺度で考えた。つまり富とはレースに勝つのと同様に、一方が他方から奪い取る何ものか、固有な意味での差益と考えていたのであった[11]。重商主義者の学説によれば[12]、国富を増進し得るものはただ「外国からの需要」のみであった。富とは、貿易の剰余によって得ることのできる金《きん》であり、したがって富は「鉱山もなく外国貿易も行なわれていないどんな国にも手に入れられないものであった[13]」。「その額だけわれわれを富裕にする」富を形成するものは、「外国貿易の収支により王国にもたらされる財宝」だけである[14]。社会の経済的利益を「他の社会の犠牲において[15]」促進するよう、政府には繰り返しての訴えが寄せられた。重商主義の基本的ルールは、「われわれが消費する外国商品を価値において上まわるものを年々外国に売ることである[16]」。そのうえ国民は、「いま外国から買いつけ、われわれを大いに貧困に陥れているもの[17]」を、外国から購入するかわりに国内で生産するよう努めなければならないのである。

重商主義者の観点からは、貿易の剰余だけではなく、賃金の抑制、帝国主義の振興、それに奴隷制度さえも、国民を形作る有産階級による富の追求のために自然に導かれる方策と考えられた。奴隷制度の下においては、「国民全体を無償で養い、賄うことができる」[18]という物言いは、国民が人口のごく一部を形作るにすぎないと考えられていたからこそ可能なのであった。

アダム・スミスの国民観は、言わずと次の言明の中に含まれている。「社会の構成員の非常に大きな部分が貧しく悲惨であるようないかなる社会も、繁盛し幸福であるとはいいえない」[19]。今日では、これはあまりにも明白と思われるであろうが、それはひとえに、社会なり国民なりがその人口と同じ広がりをもつものと暗黙のうちに考えられているからである。このような考え方は、ヨーロッパにせよアメリカにせよ、スミスの同時代人たちによって決して広くは受け入れられていなかった。百年の後においてさえ、ジョン・スチュアート・ミルは「国というときには、それを貴族社会のことと読め。そうすれば、決して真理から遠くないであろう」[20]と言って憚《はばか》らなかったのである。

スミスおよび後の古典派経済学者たちにとっては、富とは貨幣のストックではなく、財のフロー、つまり現代の言葉でいえば「実質所得」を表わすものと考えられた[21]。スミスは「一国の富の本質は、金銀の豊かさの中にあり、国の貧困の本質はその稀薄さの中にある」[22]という考え方を拒絶した。より基本的には、スミスと古典派は富の移転よりも富の創造に重点を置いて考えた。国際貿易はより大きく、より安価な総生産物の獲得につながるのであるから、それは差益の源泉ではなく、相互的利益の源泉として考えられたのであった[23]。帝国主義と奴隷制度は、ともに冒険的精神を失うものとみなされた。それは富の占有に心を奪われ、その一方で富の創造を抑制する制度であったからである。古典派経済学者の見るところでは、帝国主義から得られる利益は富裕な実業家や植民地の役人からなる小さな階級の手に収められ、帝国を維持するために納税者たちの支払う費用と比べて、負担が大きすぎた。アダム・スミスは、「偉大な艦隊と軍隊は……(中略)……その維持のための出費を償いうる何物をも獲得しない[24]」と明言した。植民地経済に対する宗主国の干渉は、植民地の経済発展を阻害し[25]、しかも宗主国にはそれに応じた利益をもたらさないのである。もっとも、国の栄光という尺度での利益だけは別である。一方の損失は他方の利益ではない。なぜなら双方の集計的産出物は帝国主義の下でなかったなら、かくあったはずの水準を下回るであろうからである。『国富論』は、次のような考察で締めくくられている。「大英帝国は、戦時においては属州を擁護する出費から、そして平時には民事あるいは軍事上のいかなる既得権益をも守るための出費から解放されるべき時であり、そして、大英帝国の将来の見通しと計画とを、帝国の状況の真の中庸に適応させるべく努めなければならない時であることは確実である[26]」。

しかし、アダム・スミスはこの合理的な忠告の言葉が注目を集めると感じることはできなかったであろう。なぜなら、スミスは早くから次のように事態を見ていたからである。

　いずこであれ、属州の統治がいかに煩瑣で、必要な経費と比べそれがもたらす収入がいかに乏しくとも、統治権を自発的に放棄する国民などあったためしはなかった。統治権の放棄という犠牲はしばしば利益にかなうものではあるが、どの国民にとっても常にその自尊心を傷つけるものである。なお、おそらくより重要な帰結として、属州の支配層の私的利益に反することになる。彼らは信用と利益を得る多くの場所を恣にする力を奪われ、富と栄誉を獲得する多くの機会をも奪われることになるからである。属州という最も不穏なものの所有、そして大多数の人々にとっては極めて不利益な属州の所有により、上記の利益は殆ど間違いなく与えられるはずなのである。(27)

同様の考え方から、ジェイムズ・ミルもまたのちに、大英帝国なるものを洗練された政府の仕事づくり構想、つまり「上流階級の野外での気晴らしの壮大な体系」(28)とみなすようになった。リカードォは、植民地の犠牲により国民全体としての経済的利益が生ずる理論的な可能性を認めたが(29)、実際にこのような事態が普《あまね》く起こったと論じたわけではなかった。

古典派経済学者による奴隷制度への攻撃は、道徳的な尺度の観点からばかりでなく、経済的な尺度からも加えられた。奴隷制度の最も重要な経済的弱点は、労働者の自利心という動機づけの欠如である。奴隷の維持費用は自由な労働者の支払い率よりも低いものである。しかし、奴隷によって行なわれる一定の仕事量を獲得するための労働費用は、しばしばより高いものにつく(30)。「奴隷によってなされる仕事は、……(中略)……奴隷を維持するだけの出費で足りるように見える」が、それは「何と比べても結局、最も高いものにつく」(31)とアダム・スミスは述べている。スミスの見るところ、奴隷制度の持続を説明する理由は、状況の利害得失ではなく、人をして権勢をふるうことを好ましめるその「自尊心」なのであった(32)。リカードォは、奴隷制度を許容する国の一員であることに羞恥を表明したけれども、奴隷制度の利害得失に分析を加えることはなかった(33)。ジョン・スチュアート・ミルは、奴隷制度に対して道徳的に反対論を述べたが(34)、経済学者としては古典学派の伝統に従い、動機づけが限定されることによって生ずる非効率と不生産性について明言した(35)。しかしミルは、奴隷制度が奴隷の所有者個人にとっては極めて不利益なため、制度の持続を説明する唯一の理由は心理的な要因であるという点に、スミスほど確信がもてなかった。ミルは奴隷制度の奴隷所有者にとっての収利性の問題を、「共同体」に対する奴隷制度の経済的効果というより大きな問題から鋭く切り離した。そして後者つまり「共同体」(36)に対する経済的効果についてのミルの見解は大いに否定的であった。

古典派経済分析の最も徹底した奴隷制度への適用例としては、ジョン・エリオット・ケアンズの『奴隷の力』がある。ケアンズは、ミルの弟子で、しばしば古典学派の最後の人と考えられている。ケアンズは、奴隷制度の経済的、社会的帰結を体系的に追求し、それには次のような論点が含まれる。(一)農業技術についてのさまざまな知識や応用を生み出すには、不十分な動機づけしかもたない労働力による土壌の枯渇(37)。(二)逐次枯渇する土壌を更新するためには領土を拡張しなければならないという、奴隷を保有する社会のどうにもならない必要性(38)。(三)一般自由民の間に経済的進歩への敵対的な姿勢が醸成されるという、奴隷制度に伴って生ずる外部費用(39)。ケアンズの議論は古典派的アプローチを最も体系的に奴隷制度へ応用したもので、それは富の占有あるいは移転に重点を置いた重商主義的な考え方と対照的に、富の創造を中心に据えた考え方であった(40)。

政治的階級

帝国主義や奴隷制度といった同時代の主要な制度に対立するばかりでなく、古典派経済学者はこの時代の優勢な社会的階級に攻撃を加えた。つまり、土地貴族、勃興しつつある資本家および既存の政治的権力がそれである。『国富論』において繰り返される主題は、「商人と製造業者の阿鼻叫喚と詭弁」[41]であった。卑しい「強欲」と「ひとり占めの精神」[42]から、彼らは「多くの機会」に、「公衆を欺瞞し、また抑圧さえ」[43]した。これらの人々は、「享楽や気晴らしのためにさえ殆ど会うことはないが、話しをすればとどのつまりは公衆に対する陰謀や、なんとかして価格を引き上げるための企みに終わるのであった」[44]。重商主義の文献[45]において称揚される「政治家」の役割に比べると、アダム・スミスは「寄ればさわれば物事の一時的なざわつきに目を配る、俗に政治屋と呼ばれる狡猾で悪賢い動物」[46]という具合に彼らを描いている。政治的指導者は公衆の長期的利益に不注意であるばかりでなく、税金で蓄えた資金も無駄づかいする人々なのであった。

したがって、国王や閣僚が私人の経済を見張るとか、贅沢取り締まり令、外国からの贅沢品の輸入を禁ずることによって、民間の支出を抑制するが如き顔付きをするならば、それは極めて差し出がましく、また図々しいことである。彼ら自身は常に、しかも例外なく、社会における最大の放蕩者なのである。彼らをして、自らの支出に十分注意せしめよ。そうすれば、私人のすることは彼ら自身に安心して任せておけばよいのである。国王や政治家の浪費が国を亡ぼすのでないならば、彼らの民の浪費が国を亡ぼすことは決してないであろう。[47]

スミスは地主を実業家によって欺されやすいけれども、全体としては善意の人々と認めていた。[48] しかし、地主は進歩の受動的な受益者であり、[49]「自分では決して耕したことのないところから収穫を得ることを好むものである[50]」。スミスの描いた地主の咎《とが》は比較的軽く済んだとしても、リカードォ学派の目に映じた地主は主要な悪漢であった。地主は「働かず、危険も冒さず、節約もせず、寝ている間に[51]」ますます豊かになっていく。彼らの所得は土地利用についての「同意」、つまり全く「社会の申し合わせによって[52]」必要とされた同意により取り立てられる代価、土地に寄宿する「単なる暇人」たちに支払われる合法的な「貢納金[53]」なのである。[54] リカードォ派の人々の際立った政治的使命、それは土地所有者を利するために小麦価格を人為的に高く維持する穀物法の撤回であった。

資本家はより有益な存在と考えられたが、少なくともジョン・スチュアート・ミルにとってはそれほど心にかなう存在ではなかった。ミルはこう言っている。「正直に申せば、なんとかかんとかやっていくための闘争の状態、これが人間の正常な姿であると考えているような人の抱く人生の理想には、私は魅力が感じられないのである。彼らは、人間というものがぶつかり、潰し合い、押し合い、互いにかかとを踏みつけて暮らす社会生活のありのままの姿を、人間の最も望ましい運命とみる。あるいはそう言っていけなければ、それが産業進歩の一局面に現われる不快な症候であるなどとは間違っても考えない人々なのである[55]」。

古典学派の経済学者に対する最も根も葉もない非難のひとつは、彼らがさまざまな社会階級間の「利益に関する自然的調和」を信じていたというものである。古典派の経済学者は、社会的諸階級が意識のうえで調和的であるとは見ていなかったし、また政治の支配者が調和をもたらす影響力を持つものともみなしていなかったことは確かである。古典派経済学者の自由放任の学説の基礎となっていたのは、適当な制度的枠組みの中で、衝突つまり経済的競争をつうじて最適な資源配分へ導かれるという希望、信念であった。スミスによれば、人々をして互いに有用ならしめるものは「慈悲心」ではなく、「彼ら自身の私益」なのであった[56]。一七五九年に出版されたアダム・スミスの『道徳情操論』において中心的な役割を果たす「同感」と、一七七六年に出版された『国富論』で重要な役廻りを担う「私益」との「矛盾」は有名であるが、それは実質的なものというよりは表面的なものである。われわれの道徳感情を如何に引き出すかの説明と、道徳感情がごく部分的にしか影響を与えない経済的行動の説明とは全く別の事柄である。ふたつの本の間で論じられる問題が変わったとしても、そのことと考え方が変わることとは別問題であろう。正義がなければ、社会は「たちまち四分五裂するに違いない」。『道徳情操論』においては、「正義と比べれば」、慈悲心が社会に対してもつ「本質的な役割は小さい」と考えられていた[57]。社会の存在を可能にするもの、それは同感から間接的に引き出されるある正義の体系を、人為的に維持することによるのであり、人々の間の「自然的な調和」ではない。「相互的な愛情、愛着を欠くときでさえ」、……（中略）……「互いの便宜を申し合わされた評価に従って算盤ずくで交換することにより」、社会は存立しうるのである。[58]

アダム・スミスにおいて想定される「利益の調和」は、しばしば社会の最適状況は個別的な最適状況の単純な合計を意味し、これは相互依存を無視して合成の誤謬を冒すものと解釈された。だがスミスは、決してそのような学説を提唱したわけではない。個々の私利を求める人が「意図せずしてある目的を促進することを可能にする」[59]「見えざる手」についての言及は誰れもが知っているが、これを見ればスミスが個別的利益と社会的利益とを概念上区別していることがわかる。ここでは個別的利益が（資源配分への効果により）社会的利益を促進するという経験的世界に説き及ぶ理論が[訳注2]提唱されているのであって、社会的利益を単に個別的利益の和として定義する概念上の同等性が述べられているわけではないのである。私的経済的利益と社会的なそれは、「通常の場合」[60]、制御されない市場において一致するものであり、定義によって一致するものではない。しかし外部的な効果が絡んでくる場合は別で、スミスは「少数の個人の自然的自由」が社会全般に危害を加えるときには、自然的自由の「明白な蹂躙」に対してさえ同意を与える用意があったのである。たとえば、単に火災の規制といったものだけでなく、ある種の銀行規制などもそのうちに含まれている。[61]

リカードォ学派は社会階級ごとの所得分配を強調した。だがこの重点の置き方からなんらかの「利益の調和」が例証されていないわけではないことはもちろんである。スミスと同様、リカードォの場合にも、地主は長期においては資本家と労働者との犠牲において利益を得るものと考えられていたし、[62]またリカードォ特有の定義によれば、賃金と利潤とは常に逆方向に動くものであった。[63]ジョン・スチュアート・ミルは、所得の分配が調和的であるなどとは以ての外のことと考え、次のように述べている。「最も大きな部分」が「全く働かない人々」の報酬として彼らの懐にはいり、「次に大きな部分が見かけだけ働いているように見える人の報酬となる。労働が厳しくなるにつれ、また不快なものとなるにつれて、その報酬はますます小さな割合に下落していく。そしておしまいには、疲労困憊した肉体労働者が生活の必需品を稼得しうることを確実には期待できないまでになるのである」(64)。J-B・セイは時々、現状の弁護者といわれるが、実は既存の状況についてきわめて批判的であった。

……繁栄の状態にあるといわれる国において、そのような享楽に与かる状況に置かれた人々は一体何人いるのであろうか。せいぜい十万人にひとりであろう。また千人のうち、安楽な独立と呼ばれるものを享受しうる可能性のある人は何人いるか。おそらくひとりもいないであろう。見る影もない貧困が富の光と対照をなして並んでいる。他人の怠惰をなんらかの形で償うために強制された労働と、みじめなあばら家が、壮麗な柱廊と並んでいる。貧困のぼろが富裕の御旗と混じり合っている。一言にしていえば、最も喫緊な欠乏の真只中に、最も役に立たないぜいたくが混じり合っている光景がいたるところで目に映るのである。

物事の邪《よこしま》な秩序の下に、十分な社会的享楽の分け前を得ている人々は、そのような社会的状態を分別に照らして正当化する議論の必要を決して認めないであろう。だが、ただひとつのものの見方の下に、いいのがれの余地のないなにごとかが提示されたとすればどうであろうか。もし仮に同じ人が将来、彼らに社会的な位置を割り当てるくじをあらためて引けと要求されたとすれば、彼らは異議を唱えるべき多くを見出すであろう(65)。

古典派経済学者が「自然的調和」の学説を主唱しなかったからといって、それは古典派の時代にこのような学説が広く行なわれたことを否定するものではなく、またこの種の学説の通俗化に努めた人々によって、古典派理論が利用されたことを否定するものでもない。一八五〇年に出版されたバスチアの『経済的調和』は、唯一のものとはいえないまでも、このジャンルの最もよく知られた典型的作品である。リチャード・コブデン、ジェイン・マーセット、ハリエット・マルチノー、および他の多くの人々が社会的調和を伝導し、ある程度まではT・R・マルサスも然りであった。彼は、一方の足を古典派の伝統に置き、他の一方をその外に置いた。古典派経済学者の理論がいかに利用されたか、その用途について彼らを非難することはできない。だが少なくともひとつ、こんな事例がある。つまりハリエット・マルチノーの書物を批評したとき、ジョン・スチュアート・ミルは、社会に向けてこういった弁解がましい言葉を吐くことをはっきりと拒否したのであった(66)。実際、マルクスがのちの「俗流経済学」と対比した、古典派経済学の際立った特徴のひとつは、古典派の経済学者たちが「異なった階級の経済的基盤」と、彼らに対する「ますます増大する敵対勢力」とについて、開かれた議論を重ねてきたことであった(67)。

古典派経済学者は政治的なプロセスではなく、市場のプロセスを通じて経済活動を方向づけることを好んだ。しかしだからといって、彼らが市場が完全であると考えていたと想定すべきではない。古典派経済学者は独占の存在を認識していたし、実際、たとえば土地の「独占」という用例にも見られるように、「独占」という言葉は極めて広い意味に用いられ、それには多くの形の市場の不完全性、あるいは非弾力的な供給といった事態が含まれる。[68] アダム・スミスは独占のもたらす帰結を「市場を常に品不足の状態に保ち」[69]、経営の効率を下落させるものとみなしていた。経営の効率は、誰れもが「自衛」の上から効率的たらざるを得ぬよう、高度に競争的な市場を必要とするものである。[70] 独占は「土地と労働の年々の生産物全体」を「独占がない場合に比べて減少せしめる」[71]。それは「社会の資本の自然的な配分を、独占が多かれ少なかれ攪乱するからである」[72]。それに加えてスミスは、単純で繰り返しの多い仕事をする労働者たちの労働意欲が阻喪されるという、分業の外部的社会費用についても理解していた。これを相殺するために、スミスは公的補助による学校制度を提唱した。[73] ただしこの制度はむこう百年間、イギリスではまだ一般的なものとはならなかったのである。リカードォは（彼の同時代の弟子たちもまた）供給が非弾力的である事態と定義された独占の存在に場あたり的なやり方で注意を払ってはいたが、主眼は完全競争モデルの形式的分析にあった。[74] ジョン・スチュアート・ミルは、競争と独占の単純な二分法を超えて思索を進め、構造的

に非競争的とはいえない市場についてさえ、伝統的な競争による帰結を社会的慣習によって修正することを提案した。(75)

古典派経済学者たちは政府の市場介入のすべてに頑なに反対したわけではない。スミスの「自然的自由」や自由放任の原理は決してドグマではなかった。(76)古典派経済学者は市場に対するある種の干渉を認めただけではなく、いくつかの干渉の方法を自ら提案しさえした。アダム・スミスは、富者の贅沢が貧者のための必需品輸送を助成すべく考案された、主要道路の通行料を望ましいと考えていた。(77)彼はまた、支払い能力原理に基づく、(78)幾分累進的でしかも再分配的な課税制度を是とみなしてもいた。(79)またジョン・スチュアート・ミルは、貧者たちの移民に対する公的助成を提案したのである。(80)

古典派経済学者は市場の完全性を主張したわけでもなく、経済への政府の介入の果たしうる有益な役割を否定したわけでもないのであるが、彼らは一般的な考え方としての自由放任にはぐらつくところがなかった。その理由のひとつは、まさに利害の不調和ということであり、また組織された私的集団が政府の経済政策に影響を与える場合に生ずる公衆への危険によるものであった。アダム・スミスは次のように述べた。

……製造業者の獲得した独占力は……（中略）……ある特定の組織の数を著しく増やし、ちょうど肥大しすぎた常備軍のように政府にとって侮りがたい力を持ち、多くの場合に立法部を威嚇したのであった。この独占強化へ向けたあらゆる提案を支持する国会議員は、必ず通商に理解があるという名声を得るばかりでなく、大きな人気、そして地位がその数の優勢と富とによって約束される人々の序列を左右する影響力を獲得するのである。逆に独占化推進の案に反対する者は、しかもまた独占化を妨害しうるほどの権威を持つ者はなおのこと、十分に人の認める廉潔、高い身分、また偉大な公務の実績を以てしても、極めて忌まわしい虐待と非難から、そして個人的な侮辱からも身を守ることができない。また時には、凶暴な失意の独占者たちの無礼な暴行から生ずる本当の危険から、身を守ることもできないのである。(81)

スミスにとって政府の経済への干渉は、富裕で権力のある人々のための干渉を意味するものと考えられていた。彼の時代には圧倒的にそのとおりであったし、今日でもなお、広くそう思われている以上に事情は変わっていないのである。

ジョン・スチュアート・ミルの時代となる頃には、控えめに見ても、貧者のための政府による経済への関与は実質的な見とおしをもつものと広く信じられていたといってよい。それゆえにこそミルは、「知識人や公衆の意向をなんとかするよりも、政府を意のままに動かす方が容易と考えるせっかちな改革者たち」を批判した。そのような改革者たちは「政府の領域」を拡張しようと「絶えず望む」ものだからである。(82)ミルは自由放任が「一般的な慣行でなければならない」、そして「何か大きな善が要求するのでない場合には、自由放任から離れるたびになんらかの邪悪が発生する」(83)と明言した。これはただ、政府が非効率的になりがちなためばかりではない。(84)狭量な多数者は自分の基準や好みを諸個人に押し付けるもので、民主的な政府は容易にそのための媒介となるからでもある。[85] また政府の経済活動の拡張は法の範囲を超えた影響力の拡大をもたらすからでもあって、[86] その中には教育に対する政府のイデオロギー的な影響[87]や要職に就く魅力的な機会[88]などが含まれる。

古典派経済学者はあらゆる政府に深く不信感を抱いていた。リカードゥは、政府の行動がある種の「暴動に対する恐怖[89]」によって制約されるべきことが「有益」と考えていた。とはいえ、彼は実際に暴動が起こることを望んでいたわけではなく、「最も有効な革命に対する予防策[90]」として改革を推進したのである。

戦　争

古典派経済学者は彼らの時代の最も強力な階級、制度、およびものの考え方に攻撃を加えたばかりでなく、祖国が交戦中もしくは交戦を迫られている同時代の戦争に反対した。スミスの『国富論』は、大英帝国からの米国独立宣言の年に出版されたが、この紛争の分析を通じてスミスは、交渉による平和あるいは英国の全面撤退を示唆する方向へと導かれたのであった。[91] ジェイムズ・ミルは、ナポレオン戦争の間に交渉による平和を強く主張した。[92] これに対して、軍部は全面勝利へ向けての戦闘方針を好むものであるが、もちろん英国の場合もそうであった。父ミルは、「国が被る災難の中で戦争は最大のものである[93]」と明言した。後年、ジョン・スチュアート・ミルは英国の軍の指導者や英雄についてこう言わざるをえなかった。「彼の帽子に飾られている一片の羽毛でさえ、彼と一族郎党をガラクタと引き換えに売り払ったとしても、その収入より大きな費用が国にかかるのである」[94]。J-B・セイもナポレオンの「軍事的熱狂」に、同様な舌打ちするような表現を残している[95]。

現代の戦争批判者と比べて、古典派経済学者はそれほど単純素朴ではなかった。戦争は「人民」に戦争を押し付ける邪悪な人々の単なる為業《しわざ》ではなく、大衆受けする大博打と考えられていたのであった。アダム・スミスは次のように述べている。

偉大な帝国においては首都や遠く戦場から離れた地域に住む人々は、いやその多くは、戦争からいかなる不都合が生じるものとも感じていない。むしろ、祖国の艦隊や陸軍の偉業を新聞紙上で読むという楽しみを享受しているのである。彼らにとってこの楽しみは、平和時に支払い慣れていた税額と戦費調達のために払う税額とのわずかな差額を償うものとなっている。彼らは平和が回復することに通常は不満足をおぼえる。平和の回復は戦争のより長い継続から得られる楽しみや征服、国家の栄光といったあまたの架空の望みに終止符を打つものだからである[96]。

スミスは戦争が政府の負債によって賄われるのではなく、誰れもが経済的費用の全貌をはっきりと見て取ることができ、それを実感できるように、現金払いの課税によって賄われることを強く主張した[97]。この政策が行なわれるとすれば、「戦争は一般により速やかに結着がつくであろうし、また無茶な理由で始められることも少なくなるであろう」[98]。リカードゥは国債を回収するための特別基金の創設には反対であった。その理由は、それが軍事的な大博打に必ず転用されるからである。「内閣はこの基金を事実上自由にすることができる一方、彼らはほんの些細なきっかけから、戦争へと走り出すものだからである。政府を平和的に維持するためには、政府を貧乏にしておかなければならない」[99]。

古典派経済学者は平和主義者ではなかったが[100]、彼らの時代の戦争および歴史を通じて行なわれた戦争の無謀さには掛け値なしに批判的であった。戦争一般に対して反対することは、同郷人が支持する特定の、現に行なわれている戦争に反対するよりははるかに容易なことである。しかし古典派経済学者は大胆にもそのいずれにも反対したのであった。

古典派経済学者の実際行動

古典派経済学者は理論家であるとともに世事に携わる人でもあった。この時代の煩悶の渦中における彼らの実際の行動を見ると、彼らの考え方の基礎にある価値観や信念を明らかにするあらたな材料が見いだされるのである。

ひとつの事実ははっきりしている。古典派経済学者たちは自らが唱導した事柄について個人的な自己利益を追求して動くことはなかった。アダム・スミスは、若い貴族の大陸旅行に際して個人教授を務め、この功労に対する年金を受領することによって経済的に心配のない身分を確保したのであるが、『国富論』の中でこのような教育の獲得方法は「馬鹿げている」と明言した[101]。スミスは、大学人としての自らの同僚たちに見られる怠惰、無責任、そして馴れ合いを非難してもいる。[102]通常の慣行に反し、彼は休講しなければならなかった時には、学生たちの授業料を返還すべきだと主張した。[103]リカードゥの経済学および議会における彼の演説を見ると、彼自身が大地主であったにもかかわらず、他の誰れよりも厳しく、地主の利益を攻撃している。このやり方がリカードゥの全生涯を通じてひとつの型になったのである。

銀行の経営者であったとき、彼は銀行の法外な利益に対し、激しくそして熱心に反対論を唱えた。彼は、既に公債の保有者ではなくなっていたが、債券保有者の利益を擁護した。またリカードゥは、大土地所有者となったのちにも、地主の利益を傷つける試みを行なったことによって非難された。また議席をもっていた間も、もしそれが採択されたなら彼の議席を危くすることになったはずの改革案を主張したのであった。[104]

個人的な金銭的自己利益が、古典派経済学者の行動を左右する際立った特徴になっていたなどということは全く当たらない。アダム・スミスは密かな慈善行為に「高額な」寄附を行なった。その額は「彼の財産から期待されるそれをはるかに超えるものであった」。[105]リカードゥも、経済的に困窮した友人への援助を内密のうちに申し入れ、それを与えた。[106]古典派時代の有数の貨幣理論家であったヘンリー・ソーントンは貧者のためのハンナ・モア学校に対し、二十五年間にわたって資金を提供した。[107]そして結婚する前には、年間収入の七分の六を慈善に投じたのであった。[108]最初の経済学講座の地位の保有者であったナッソー・シーニオワは、学問以外の仕事において彼がかつて稼得した額のわずか五分の一の報酬で教職に就いた。[109] ジョン・スチュアート・ミルは、時には組織された慈善事業に対し、また時にはほんの行きずりに出会った貧しい人々に、「惜しげもなく金銭を与えた」[110]。

マルサスは通常地主を擁護したが、彼自身は地主ではなかった。マルサスはアダム・スミスあるいはリカードォ派の人々よりもはるかに保守的な人物であった。ローダーデイルとチャルマーズも同様で、彼らはマルサスとともに英国においてセイの法則に異論を立てる学派の主要人物であった。もしマルサスを古典学派の中に含めて考えるべきとすれば、多くの社会問題や政治的問題について彼とは甚だ異なった立場にある、そして古典学派のより中心に近くいる人々にまで、極めて保守的な印象が押し広げられたはずで、マルサスはその責任を問われなければならない。一般公衆が経済学者の異なった学派を注意深く区別したかどうかは疑わしい。なぜなら、経済学はそれ自体が新しい現象であり、十九世紀初頭の教養ある人々の意見は、全分野をひっくるめて賛成か反対かに二分される傾向にあったからである。たしかに、ウィリアム・コベットのような人気のある論客は、リカードォ、マルサス、および他の人々を十把ひとからげにして総括的な非難を加えたのであった。そして、そのやり方はコベットだけのものとはいえない。ウォルター・バジョットも「真のイギリス人の中には心の奥底で一経済学者の死について悔やみを抱いている人などいないはずだ」と考えていたことでもそれがわかる[111]。

古典派時代の実質的な改革運動のひとつは、結社禁止法の撤廃運動であった。この法律は労働組合を共謀とみなして社会から葬るのに有効な働きをした。「一種の密かな、しかし絶えざる一致団結の形で、経営者たちが労賃の引き上げを阻止せんとして手を組み」、労働者を「手を組んだ」経営者たちのなすがままの状態に置き去りにするこうした法律について、アダム・スミスはその不公平さを指摘している。(112)フランシス・プレイスは政治的にはベンサム主義者であったが、経済学的にはリカードォおよびジェイムズ・ミルの弟子であった。このプレイスが撤廃運動の先頭に立ったのである。(113)彼は、マカロックによって援助を受け、(114)マカロックはまた、このような法律が「労働者階級にとって不正にして抑圧的である」(115)と述べたリカードォによって力を与えられた。ジェイムズ・ミルは、フランシス・プレイスによる貧者のための学校設立運動に「真情から」協力した。(116)若きジョン・スチュアート・ミルは、労働者階級の居住地付近で避妊のパンフレットを配布したかどでプレイスとともに逮捕された。(117)マルサスでさえも、児童労働法に支持を与えたのである。(118)

古典派経済学の中心人物たちは、その時代の多くの特定の改革を促進し、あるいはそれに支持を与えた。これらの改革の多くは、労働者階級あるいは貧者一般の援助を目的とするものであった。しかし古典派経済学者たちは、特定の古典派理論、特にマルサスの人口理論に抵触するものとして、同じ目的をもったいくつかの改革に反対したこともある。さらに、ある古典派経済学者あるいはその弟子たちは、他の人々よりも強い改革志向をもっていた。しかしそれは、ナッソー・シーニオワのような古典派の外に立つ同時代人についてもいいうることであろう。(119)要するに、この時代の社会政策一般、あるいは特定の問題について、動かし難い学説上の立場などはなかったのである。

要　約

既存の制度あるいは有力な社会階級にとって有利な傾向をもつや否や——この尺度で見た場合、古典派経済学者たちは殆ど保守的であるとは考えられない。アダム・スミスはその両者に対して攻撃を加え、それは徹底したものであった。リカードォ派の人々は、単に経済的な時代錯誤（穀物法、労働組合の禁止およびその他の重商主義的規制）に対して攻撃を加えることに積極的であったばかりでなく、ベンサム主義者と同様、[120] 政治的な遺風や悪弊を攻撃することにも積極的であった。[121]

産業資本主義の発達に伴い、より急進的な批判、学派および運動が勃興したことにより、古典派経済学者たちは一層保守的に見えるようになった。さらに、猫も杓子も自由放任！を唱え、それが新しい文脈の中では、もはや上層階級に対する制度的なえこひいきに対する単なる攻撃にはとどまらなくなった。それは今や、不衛生な労働・生活条件、児童労働、汚染等によって、無視できない外部費用を社会に押し付けている新たな既得権益者を守るために使われるようになった。古典派経済学者自身は、こういった方法で彼らの理論を使おうとはしていなかったし、実際、産業化および都市化の悪弊に対して、これを矯正しようとするある種の立法に賛意を表していたのである。[122] しかしながら、古典派の人々はその自由放任の一般的伝統とその経済理論から導かれる帰結によって、ある程度の制約を受けることにもなった。

マルサスの人口理論のおかげで、あらゆる種類の所得移転政策は貧者を救済する手段としては不毛なものと見えたし、貧者を直接に貧窮状態以上に引き上げようとすれば、社会の全体が貧窮状態にまで引きずり降ろされ、その亡霊が立ち現われたのである。(123) セイの法則とリカードゥ派の比較静学および長期均衡とが相俟って、失業は一過性の調整障害と政府の干渉とから生ずる過渡的な現象と考えられるようになった。集計量の不均衡や賃金の非伸縮性は、ともにリカードゥ派によって拒否された。(124)

ある特定の思想学派の保守的な要素が、素地となる傾向から生ずるのか、何らかの分析の結果として導かれるのか、それは見方によってはどうでもよいことかもしれない。ところが、ここにいう既定の素地なるものは、論理的・経験的妥当性という尺度から分析の対象とすることもできるが、そのかわりに、たとえば「新時代的」なものとして扱うこともできれば、また「時代遅れ」なものとして扱うこともできよう。それゆえ一般的な考え方（特に経済理論）が社会的に既定の素地を合理化するものであるという主張を評価しようとすれば、右の点はかなり重要な問題となるであろう。(125)

真に忌憚のない古典学派の見解は、すべて既存の権力に対して向けられている。より急進的な思想家についての彼らの批判は、不興というよりは憐憫を伴ったものであった。(126) ロバート・オーウェンに対するリカードゥの言辞は、オーウェンの意図と性格に対する賞賛であった。またシスモンディの性格についても同様に高い評価を与えている。(127) ただしこのふたりの特定の分析および政策については、リカードゥはこれを是認しなかった。ジョン・スチュアート・ミルの社会主義思想に関する分析には、この点について全く類似した傾向が見られる。(128) マルサスのような保守的な経済学者でさえ、ゴッドウィンやコンドルセといった革命的思想家の動機について非難することは決してなかったのである。(訳注3)

古典派経済学者についての不思議な事実のひとつは、彼らの多くが少数派の構成員であったことである。ここで少数派というのは、単に数字の上での少数派というのではなく、社会的に深長な意味においての少数派である。スコットランド人であるということは、アダム・スミスの時代の英国ではどうでもよい事柄ではなかった。それはスミス自身が若い頃、仲間の学生たちやオックスフォードの大学行政に触れた見聞から見出したとおりである。(129) 後年、彼はオックスフォード時代を回顧して、スコットランド人の学生に対する絶えざる差別について不満を漏らしている。また別の機会には、彼の友人でもあり同胞人でもあるデイヴィッド・ヒュームに、「賢明な英国人の全体は……(中略)……スコットランド人に侮辱を与えることを好むものである」と忠告している。(130) ジェイムズ・ミルとジョン・スチュアート・ミルの親子、J・R・マカロックもまたスコットランド人であった。デイヴィッド・リカードォはユダヤ人の系譜に連なる人である。ジャン-バティスト・セイは宗教的迫害の折に、フランスを逃れたユグノーの子孫であった。彼らの個人財産がどのようであれ、これらの人々は決して既存社会の中で非の打ち所のない人というわけではなかったのである。

第二章　マクロ経済学

古典学派の経済学は理論・学説の雑多な寄せ集めではなく、それをはるかに超えるものである。この学派の個々の理論や政策処方は、中心を成すひとつの関心事の周囲に展開するものであった。つまり経済成長こそがそれである。現代の成長理論とちがい、古典派経済学者の主たる関心事は、成長過程への経済の調整ではなく、成長過程をいかに生成し保持しうるかの点にあった。アダム・スミスの古典の正式な書名には、諸国民の富の本質と原因という言葉が含まれている。[1] 静学的なリカードォ・モデルでさえ、実際問題としての関心は、定常状態へ向けての経済の進歩と、これが「社会の異なった諸段階における」機能的所得分配について有する意味にかかわっていたのであった。[2] セイの法則という静学的な概念は、成長理論のなかで甚だしい錯綜を呈することとなったため、「一般的過剰生産」論争にまつわる諸問題を混乱させ、この論争を何年にもわたって不必要に長びかせたのである。たとえば「生産的」労働（あるいは消費）と「不生産的」労働（あるいは消費）の相違をめぐる言葉のうえの論争でさえ、その鍵は成長の問題にかかわっていた。この場合についてみれば、労働、支出あるいは消費が成長促進型（「生産的」）であるか、それとも

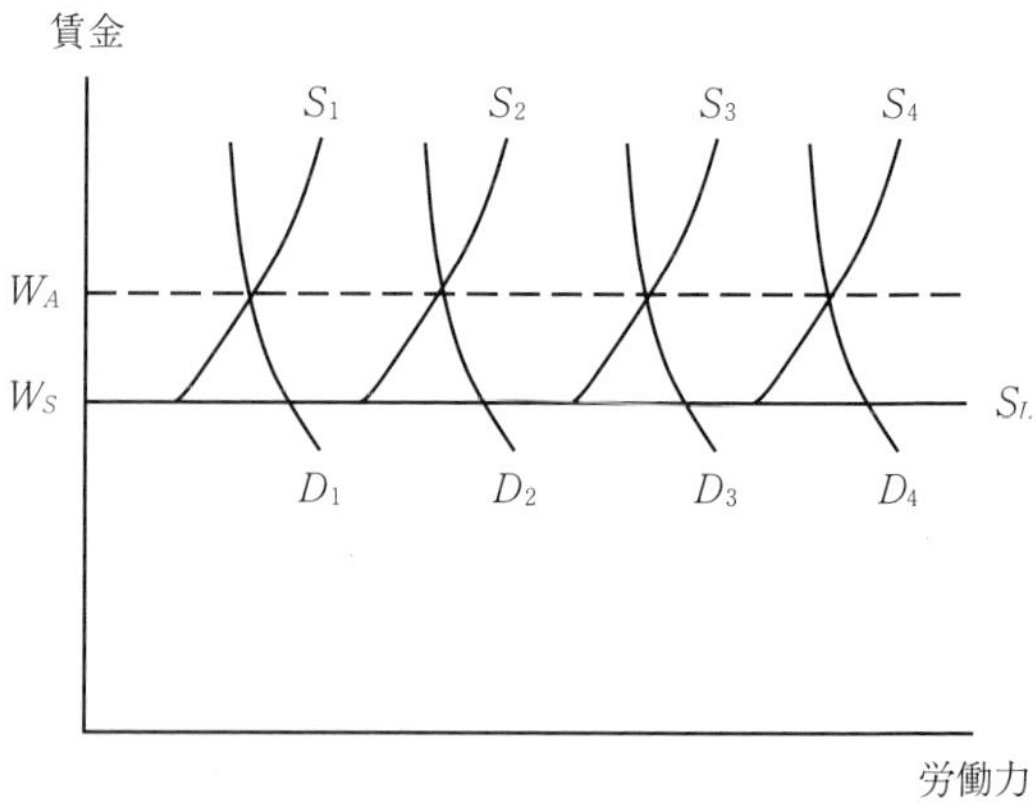

図１

非成長促進型（「不生産的」）であるかに応じて区別されたのである。その区別の基準は蓄積が可能であるや否やという成長に直結するそれではなく、むしろ生み出されたものが有形であるや否やという間接的な分類であった。古典学派のミクロ経済学もそのマクロ経済学と同様、やはり経済成長を中心に、それをめぐって展開されたものであった。またリカードォ流の地代理論やマルサス流の人口論は、特定の（農業、労働）市場の作動に基づくものとはいえ、経済全体の成長にかかわる理論であった。

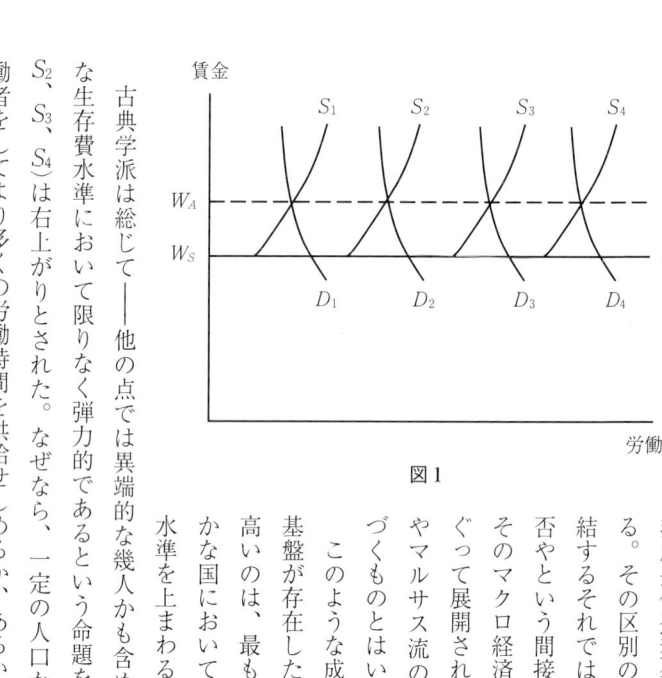

このような成長促進への関心には、きわめて重要な実際的な基盤が存在した。スミスの論ずるところによれば、賃金が最も高いのは、最も富んだ国においてではなく、成長の最もすみやかな国においてである[3]。成長の維持によってはじめて、生存費水準を上まわる賃金が確保されるのであった。

古典学派は総じて――他の点では異端的な幾人かも含め――長期の労働供給曲線（S_L）は、ある慣習的な生存費水準において限りなく弾力的であるという命題を受け容れていた。他方、短期の供給曲線（S_1、S_2、S_3、S_4）は右上がりとされた。なぜなら、一定の人口から、追加的な労働を獲得するには、既存の労働者をしてより多くの労働時間を供給せしめるか、あるいは労働力への新たな参入を吸引しなければならないはずで、それは、より高い賃金の提供によってはじめて可能となるからである。したがって、生存費賃金（W_S）を上まわる実際の賃金（W_A）を維持するためには、（D_1、D_2、D_3、D_4）のようにたえず労働需要が拡大してゆくことを要するのである。もし仮に経済が、現実にリカードォの「定常状態」に到達したとするならば、賃金は生存費水準に下落するであろう。それゆえ社会の大多数の人々の福利のためには、伸び続ける成長過程の維持が本質的に重要なのである。これと同種の先入観は、古典派経済学者自身のみならず、古典学派の伝統に異議を唱える人々に対しても強い影響力を有していたのであった。

セイの法則

セイの法則[訳注1]は本当にＪ-Ｂ・セイの考案したものか、それともジェイムズ・ミルの手になるものか——これについてはかなりの論争がかわされてきた。実際、セイの法則の諸要素の相当多くがそれよりも早く『国富論』（一七七六年）のなかに現われていた。いやもっと早い時期の表現——いくつかの意味では古典派時代のそれよりも成熟した表現——が重農学派のメルシエ・ド・ラ・リヴィエールの著『政治社会の自然にして本質的な秩序』（一七六七年）のなかに現われており、この人の著作はセイ、ミルそしてアダム・スミスにも知られていたのである。[4]

メルシエ・ド・ラ・リヴィエールの述べるところを聞こう。買手はすべて売手であり、売手はすべて買手でなければならない。売り買いという「これらふたつの操作」それぞれの「和は互いに等しくなければならない』、そして売買というものはそれが「貨幣によって行なわれる場合にさえ」、「等しい価値の交換にすぎない」のである[5]。この事後的な恒等関係は『自然の秩序』における議論の一側面にすぎない。これは後の古典派経済学の場合も同じである。貨幣は「交換の手段にすぎず」、これを「真の富」と混同してはならない[6]。貨幣とは「媒介の標準[7]」であり、「思考をただ混乱に陥れ」、基本的な物と物との交換を看過せしめるような夾雑物である[8]。供給と需要との均等という概念は、時には購買と販売とが事後的には同一になるという事実を表わすこともあった。だが本質的には、交換に先立つ供給と需要との釣り合い、つまり事前的な均等についての経験的内容をもつ理論であった。人が買手となるためには売手とならねばならぬ[9]。何故なら、人が「行なおうとする」販売が持続的に実現可能であるのは、これとは別の販売で得た収入を支出した人がいるからにほかならない。さまざまな取引は相互「交替に」市場を提供しあうのである[10]。供給と需要の正しい比率は市場の作動を通じて「自《おのず》からなる力で成立するであろう」。それは需要・供給が変化したとき、再び均衡を成立させる変化が価値に引き起こされないことなどは「ありえない」からである[11]。メルシエ・ド・ラ・リヴィエールによれば、「均衡の攪乱はひとり偶発的にのみ生じうるにすぎない[12]」。均衡は「それを攪乱するいかなる作用も加えられない限り、常にそして必然的に自《みずか》らを維持する」ものである[13]。

メルシエ・ド・ラ・リヴィエールにとって、供給と需要の均等、あるいは財と貨幣の逆向きの流れの均等は、総産出量が変化しえないことを意味するものではなかった。古典派の経済学者と同様、重農学派の人々にとっても「消費」とは（投資を含む）全体としての総需要を指す用語で、それには「人の知る限界は存在しない[14]」のであった。しかし勝手な時点でみれば、消費は経常的な総産出量の再生産を惹き起こすには不十分である可能性もある。「消費されざるままの生産は」、効用と価値についての「減退」を招くもので、生産のための「前貸しはやがて停止してしまうであろう[15]」。したがって消費は再生産（Y_{t+1}）を測る尺度なのであった[16]。ここで「消費された」という言葉は、単に市場が一掃されたことを意味するばかりではない。けだし消費とは費用を償う価格での需要を意味したからである[17]。

消費が再生産の足並を揃えた尺度であるというとき、それは次のような意味に理解しなければならない。つまりその労働と諸費用とを費して産出物を再生産する人々の手に利潤を還元する消費をいうのである。彼らにとって何の役にも立たないような消費があったとしても、それは利用吸収された産出物を更新するために、彼らに労働と出費を促す力をもたないことは確実であろう[18]。

J-B・セイはメルシエ・ド・ラ・リヴィエールがセイの法則を明らかに予示していたにもかかわらず（あるいはそれゆえに?）、彼の「うんざりするがらくた[19]」をあからさまに軽んじた。セイとミルは『自然の秩序』を以て、消費財に対する支出が投資財に対する支出以上に成長を促進することを主張する作品として説明した。このような説明は、彼らが消費という言葉を消費財を対象とする狭い意味に解釈したこと、それにこの議論のなかに古典派流の成長に力点を置く見方を読み込むことによって成り立つものであった[20]。より後の解釈によれば、重農学派の人々はシスモンディ、マルサス（そして最終的にはケインズ）といった古典派経済学への反対陣営の先駆と見なされたが、(21) しかしそれと同様に、古典的正統派の先駆けであったともいえるのである。(22) 見方を変えれば――つづく二百年の大半をつうじて、そのように理解されることはなかったが――重農学派はセイの法則と均衡所得理論(訳注2)とを相互に整合的たらしめたのであった。

アダム・スミスは総需要を投資財と消費財というふたつの構成要素に分離した。彼は貯蓄あるいは「節倹」は「資本の増加の直接的原因」であり、逆に資本の増加は貯蓄の不可避の結果であると論じた。「年々の貯蓄は年々の支出と同様に規則正しく、また殆ど同時に消費される」。(23) 貨幣は「遊休状態にとどまりえない」。(24) ありうるのはただ貨幣の取引需要のみである。貨幣は「財の購入以外のいかなる目的にも役立たない」。貨幣が欲せられるのは、「それ自身のためではなく」、人々がそれを以て購買しうるもののためである。(25) したがって、「その倉庫にたっぷり財をかかえたある特定の商人が、それをついに売り捌くことができずに倒産することが時々ありうるけれども、一国民あるいは一国が同じ不運に見舞われることはありそうもない」。(26) ここにはセイの法則の本質が現われているが、後の何人かの古典学派の論者たちの独断的な考え方は、スミスの採るところではなかった。スミスの貨幣学説は「長期において」正しいが、彼は次の点を認めていた。すなわち「貨幣が財をひきつけるほど即座に、いつでも財が貨幣をひきつけるわけではない」のであって、財を購買するための貨幣は「同等な迅速さを以ていつでも手にはいるとは限らない」というのである。(27) ただし基調となる説に制限を加えるこのような言明やその含意を掘り下げる作業はなされなかった。

古典学派の時代に現われたようなセイの法則は、多数の人々によってつくられ磨きをかけられた、互いに関連をもつ諸命題のむらがりである。これらの命題のいくつかは「一般的供給過剰」の可能性を唱える学派に属する異端の経済学者たちによって完全に受容され、またあるものは部分的にあるいは完全に彼らの拒絶するところとなった。いくつかの命題は歴史をつうじて継承され、他はその途上で静かに姿を消した。セイの法則とそれをめぐる論争を今日の流儀で分析しようとしても、二進も三進もいかない。それはあたかも、昔の経済学者が同じ名を帯びた近代学説について余儀なく議論を戦わせているかの如きありさまである。古典派経済学におけるセイの法則は六つの主要命題を内包している(訳注3)。

一、一定量(あるいは価値)の産出物の生産に対する全要素の支払い受領額は、その量(価値)の産出量を購入するために必ず十分な大きさである(28)。

二、経済のいかなる場においても、購買力の浪費は存在しない。何故なら、人々の貯蓄はその投資願望の程度までにすぎず、また人々は当面の期間における取引の必要を超えて貨幣を保有することはないからである(29)。

三、投資とは総需要の正味の切り詰めではなく、総需要内部での移転にすぎない(30)。倹約な消費者がもし望めば支出しえたはずの額と同額が、資本家または投資財部門の労働者によって支払われることになるであろう(31)。

四、実質量で表現すると、事前的な供給と需要とは相等しい。何故なら各個人の生産は専ら他の財の需要のために、またその程度まで行なわれるにすぎないからである(32)(時としてこの学理は、事後的な供給と需要の均等を示すことによって支持された[33]。
五、より高い貯蓄率は、その後により高い総生産物の成長率を惹き起こす[34]。
六、経済における不均衡が生じうるのは、ただ専ら産出物のうちわけ比率が消費者の好む組み合せと異なることによるのであって、総量としての産出物の過剰のゆえではない[35]。

このうち最初の三命題は、古典派時代の世に認められたいかなる経済学者——正統派であれ異端派であれ——の間でも論争の種となることはなかった。これらの命題は、当時の急速な生産量の伸長、そしてまた深刻な不況を目にしての恐怖——経済成長は既になんらかの絶対的限界に来てしまっているのではないかという、広くゆきわたった恐怖を論破するのに役立った。一般的供給過剰の可能性を支持する経済学者たちは、セイの法則の支持者と同様、流布したこれらの観念を打ちやぶることに血道を上げた[36]。過剰供給論陣営の人々はまた、マルサスを例外として、経済における「実物」変数を強調し、貨幣なるものは最終的結末には影響を与えることなく、経済の作動を覆い隠す「ヴェイル」にすぎないものとしてこれを扱うことに脳漿をしぼったのであるが、その点も正統派経済学者と同然であった[37]。

後半の三命題が論争の焦点であった。根本的な見解の不一致は、均衡総生産物量なるものの否定(第六命題)という古典的な争点をめぐるものであった。シスモンディは産出量の増加に伴う効用の逓減と、労働の限界不効用の逓増とが釣り合うところに総生産量の均衡が定まるとする理論を展開した。これはロビンソン・クルーソー・モデルをつうじて個人的レベルで分析され[38]、それからそれに擬《なぞら》えて経済全体の話しに拡張された。[39] ただしこれには、近代的経済の複雑さにより、個別的誤算は避け難いもので、それゆえ集計的な釣り合いといっても疑わしい点が残るという重要な注意が付せられている。[40] これと著しく類似した均衡所得理論が、シスモンディの『新原理』刊行後一年にして、マルサスの『原理』のなかに再び姿を現わした。もっともマルサスの理論は直接に全経済レベルで展開され、貯蓄の規模が誤って過剰になる可能性を強調している。マルサスによれば、貯蓄・投資の過渡的な増分は、投資家たちに「十分な」収益を生み出すことができないかもしれず、したがって、「はじめに不自然な労働需要が生じ」、しかし失望した投資家たちが投資を控えるにつれて「やがてそのような需要は必然的かつ急激に減少し」、「成長しつつある世代を雇用から放り出してしまうに到るであろう」[41]。

セイにとって、またとりわけリカードォ派の人々にとって、セイの法則とは総生産物の均衡水準などというものは存在しないことを意味していた。時折文献中にあげつらわれる、不況、失業あるいは売られざる財の存在を否定するような馬鹿げた見解については、古典派経済学者には全く罪はないのである。[42] 古典派の見方によれば、こうした現象はさまざまな生産物が混合物に関して見る限り、生産が内部的にバランスを失した結果として起こるもので、生産物が総量において過剰なためではないということであった。ジョン・スチュアート・ミルの言葉を使えば、「生産は過剰なのではなく、ただ調合が悪いだけである」[43]。リカードォにとっては「はっきりとした悪玉、それはいつでも生産された諸商品の人類の欲望に対する不適合であって、諸商品の潤沢ではない」[44]。彼はこうも言っている――「人間は生産において誤りをおかす」、しかし「需要の不足などはないのである」[45]。少し考えてみれば、この学説はとどのつまりは次のような論理的結論に行きつく。すなわち他の財と比べて相対的に過少供給の生産物の産出量を増大することにより、つまり総生産物の増加により均衡を回復することができるという結論である。マカロックによれば市場の過剰供給は「生産物の増加が過剰であることの帰結ではなく、過少であることの帰結である」。したがって、治癒策は「増産せよ」、これである。(46) シスモンディはセイの法則の立場に立つ人々と均衡所得あるいは「一般的過剰生産」理論の提唱者との違いを、次のように正確に要約した。

ある者は言うであろう。生産し過ぎたと。また他の者は言うであろう。生産が十分でなかったと。第一の人は市場に売れ残った商品の過剰のすべてを消費し、将来の生産を買い手の需要によって規制するときにはじめて均衡が回復し、平和と繁栄とが復活すると言うであろう。第二の人はこう言うであろう。投資と生産の努力を何倍かすることを条件に均衡が再び戻るであろうと。市場が在庫過剰になっていると信じるならば、その判断は誤っている。在庫が詰まっているのは店の半分だけである。他の半分にも在庫を満たせ、そうすれば他のものとの交換によって、この新しい富は商業を復活するであろう。(47)

総供給が、常に総需要に等しいかどうかという問題は、「需要」概念に付きまとう曖昧さ、そしてまた、供給の基礎となる「費用」概念に伴う曖昧さにかかっている。リカードゥ派の人々にとって「需要」とは単に需要量にすぎない。(48) ところがシスモンディとマルサスにとっては、「需要」とは費用を補償する価格での需要量を意味する。ここで、「費用」とは事前的な供給価格のことであり、単なる事後的な要素支払いのことではない。つまり、「いまどれだけの費用がかかったかではなく、今後何程の費用を要するか」が問題なのである。[49] 事前的な期待と事後的な結果とに差があれば、循環の流れからの漏れ[訳注4]がなくとも総供給と総需要との食い違いが生じうる。シスモンディ、マルサス、ローダーデイル、またチャルマーズら、主要な一般的過剰生産論者のうち、その理論を循環の流れの漏れによって説明しようとする者は誰れひとりいなかった。マルサスを除くすべての人は、循環の流れの漏れに基づいて議論しようとする人々から自らを切り離すことに脳漿をしぼった。[50] 一方、マルサスは「商業階級がいだいている（貿易収支についての……訳者）馬鹿げた考え方」の修正に既に過大な注意が振り向けられてきたと感じていたのであった。[51]

リカードォ派の比較静学の方法と比べて、均衡所得あるいは一般的過剰生産理論の提唱者たちは動学的な言葉で推理を進めた。シスモンディは一八〇三年に刊行された『商業的富』の中で期間分析を創始した。つまり、さまざまな貿易収支をもつ諸国において、ある年の生産物が前年の賃金基金の二・五倍になるようなモデルを、算術的事例と代数的方程式により示したのであった。[52] マルサスのモデルは言葉で説明されたもので、それほど明確な期間分析とはいえないまでも、シスモンディと同程度に動学的であった。総生産物のある水準が均衡水準以上でありうること、つまり「一般的過剰生産」の可能性を否定するリカードォ派の議論は、比較静学の方法に著しく依存するものである。彼らは「再調整が効果を発揮した後には[53]」、あるいは「新しい仕事への転換を……（中略）……許すほどの時期の遅れののちには[54]」、あるいはまた「かなりの時間間隔ののちには[55]」、いかなる「持続的[56]」ないし「恒久的な[57]」過剰生産も存在しえないことを示したのである。なぜなら人々は利益なくして生産を「継続」することはないであろうし(58)、またそのような事態は自動的に「矯正」され(59)、「誤りなく自《みずか》らの力で治癒するであろう」(60)からである。

このような叙述は同時代の人々から猛烈な非難を誘発した。例えば、こんな非難があった。「物事は自《おのずか》ら落ち着きどころへ向かう傾向を有すると、オウムのように同じことを繰り返すのは全く意味のないことである」(61)。また次のような批判もあった。「物事の自然な径路において、過剰または稀少を治癒するこの傾向は、たとえそれがあるとはいえ、かつてこのような弊害が実際に存在しなかったことの証明にはならない。あたかも自然の過程にはある機能障害を人間の助力なしに治癒する力が備わっているとはいえ、それはかつてそのような機能障害が存在しなかったことの証明にはならないことと同然である」(62)。また近代の読者は、リカードゥ派の人々が他の陣営の動学的分析を比較静学の言葉に置き換えようと盲目的な執着を示したことに気づかなかった。そしてこの読者たちは、一般的過剰生産論争なるものが周期的変動ではなく、恒久的長期停滞(63)をめぐる論争であったこと、しかも均衡所得の概念をめぐる論争であったことを前提として考えていたのであった。マルサスの言うとおり、「一般的過剰生産の問題は個別的であるばかりでなく一般的でありうるかどうかが問題なのであって、一時的であるばかりでなく恒久的でありうるや否やが問題ではないのである」(64)。

マルサスの考え方は動学的な色彩をもつもので、リカードゥの方法はこれと著しく異質なものであった。しかし最終的にリカードゥは、諸手をあげてというわけではないものの、このマルサスの考え方に幾分の譲歩を示したのであった(65)。しかし真の変節はジャン-バティスト・セイ自身のものであった。一八二六年に刊行された『経済学』第五版において、彼は生産には短期的限界が存在しないという学説を公然と否認した。そしてこの時期の書簡において、リカードォ派およびその「推論方式」、「曖昧な形而上学」、「抽象的原理」そして「空虚な繊細さ」を拒否したのであった。セイはマルサスに対しては、セイの法則が「ある種の制約に従う」ことを認めたし、またシスモンディに対しても、『経済学』第五版にはシスモンディの均衡所得理論への譲歩が含まれていると書いたのであった。(66)(67) セイはその『経済学』そのものにおいて「無限数列が存在するのは抽象的量に限った話し」であって、「ここでわれわれは実際的な経済学を研究しているのである」と述べた。(68) さらにセイはシスモンディを髣髴とさせる表現で、次のように論じている。

ある点を超えると生産にともなう困難は――一般にそれは生産用役によって克服されるものであるが――より大きな率で高まっていき、生産物の利用から得られる満足をすぐに超えてしまうものである。それから後、たしかに有益なものは作られるかもしれないが、その効用は費用に値しないものとなるであろうし、生産の本質的条件、つまりその価値が少なくとも生産費に等しくなければならないという条件を満たさなくなるであろう。(69)

セイの後年の教科書『経済学全講』(一八二八―二九年)では、セイの法則にかかわる章の次に「生産の限界」を論じた章がきており、(70) そこには同じ一般的推論が繰り返されている。(71) 遺憾ながらこの著作も、また彼の書簡の当該部分もかつて英語に翻訳されたことがなく、また『経済学』第五版も翻訳されていない。

さらにこの点に関するセイの「変節」は、英国古典学派の人々に目に見える形での印象を与えなかったのであった。

セイの法則の展開において、ジョン・スチュアート・ミルが果たした役割は特異なものである。一方において彼の『経済学原理』(一八四八年)には、殆ど三十年前の一般的過剰生産論争の初期に存在したのと同じ議論と誤謬が繰り返されている。ミルの著作の全体を通じてシスモンディ、マルサスおよびその陣営は長期的停滞を信じる人々として描かれている。[72] 彼らの動学的分析には比較静学の言葉で応えられた。[73] そしてこの問題の「形而上学的必然性によって」[74] 供給は需要に等しいというのである。その真偽は、経験的世界に説き及ぶ特定の理論の妥当性によって左右されるものではなく、「需要・供給というまさに言葉の意味」[75] に依存するのであるから、「数学の証明が有するすべての確実性」を具えているのである。他方、異端者とその学説と想定されるものを一掃してしまったあとは、ミルは他の古典派経済学者の誰れよりも明瞭にそして徹底的に問題の真の本質を論じたのであった。実際、ミルは取引需要を超える貨幣需要の可能性を直接的に明らかにした初めての古典派経済学者であった。その『経済学の未解決問題』の中で、ミルは次のように述べている。

販売する人は、確かに購買するためだけに販売するのであるが、彼は物を売ると同時に物を買う必要はない。したがって彼はあるものの供給量を増やしたときに、他の商品の需要をただちに増す必要はない。つまり購買と販売がいまや分離しているのであるから、次のようなことがしばしば起こりうる。ある与えられた時点において、できる限り遅滞なく販売したいという一般的な傾向が、すべての購買をできる限り遅らせたいという等しく一般的傾向を伴う事態がこれである(76)。

『経済学原理』において、ミルの論旨はより明示的になっている。「不況と呼ばれている事態に伴う商品市場の状態を、私は既に描写した。そのようなときには貨幣需要を上まわるすべての商品の過剰が実際に存在する。言い換えれば、貨幣の過少供給が起きているのである(77)」。

セイとトーレンズは機に応じて貨幣需要の不足について触れており、またアダム・スミスもそれにつらなる趣旨のことを述べている。G・P・スクロウプは、需要の不足を生産物の超過という同義語で言い表わした(78)。

ミルはまたマルサス、ローダーデイルおよびチャルマーズのそれと極めて似た過剰貯蓄の理論を提唱した。

……年々の資本増分のかなりの部分が周期的に破壊されるか、あるいは外国投資のために輸出されるかしないならば、この国はたちまちに次のような点にいき着くであろう。つまりさらなる蓄積が停止するか、あるいはすくなくとも自動的に弛緩して、生活必需品を作り出す技術革新の進歩をもはや超えなくなる点、これである。このような事態において、生産力のいかなる増加をも伴うことのない資本の急速な増加は、一時的な持続性をもつにすぎないであろう。なぜなら、利潤と利子が減少し、ふたつのことのいずれかが起こるからである。ひとつは、その年またはそれに続く年の所得からなされる貯蓄が、利子の低下に見合った額だけ減少することが考えられる。あるいはもうひとつの可能性は、それと等しい額が外国に送られるか、無分別な投機のうちに浪費されることによるのである(79)。

貯蓄が成長を促進するという学説は、一八〇四年のローダーデイルから一八三二年のチャルマーズに至る反対者たちが矢を射かける主たる標的であった。その誰れもが事後的な収益率にみあった大きさを超えて、一時的に生ずる貯蓄増加が及ぼす動学的効果を検討した。技術的改善により、収利性のある投資の均衡量は時間をつうじて増加する傾向がある――これは誰れもが認めたことであった。しかしその一方で、ある定まった時点において、技術と嗜好の与えられた状態の下では、持続可能な投資には限界があるとも論じられた(80)。シスモンディは「進歩が不可能な国は貯蓄すべきではない(81)」と言ったが、この言葉は右の見解を要約するものである。

古典派の立場からこれに応戦する人々は、(1)「貯蓄」という言葉が貯蓄の均衡増分を意味するものと暗黙のうちに想定するか、あるいは(2)生み出される状況の一時性に注意を向けた。成長を生み出す要因として貯蓄の促進を提唱することにおいて、古典派経済学者がみなアダム・スミスに従ったわけではない。リカードォは一般に成長促進政策を提唱するいかなる意図にも否定的であった(82)。一方、セイとジェイムズ・ミルはそれを唱導する側であった(83)。こうして一般的過剰生産論争の多くは、セイの法則の成長にかかわる特性をめぐってとりかわされたもので、これはいままでは取り上げられない視点である。いずれの陣営も、規制のない市場において貯蓄と投資とが不均衡のままにとどまると言ったわけではなかった。しかし一般的過剰生産を認める理論家たちは、政府の財政活動が、時として維持可能な水準を超えて貯蓄と投資を人為的に増加せしめると想定した[84]。しかしジェイムズ・ミルが言ったように、彼らは「自発的吝嗇《りんしょく》」[85]を論じていたわけではなく、したがって論争のこの側面は、同じような言葉づかいがなされていることを別にすれば、ケインズ以後の近代的論争とは殆ど共通するところはないのである。

時には、事前的な供給と需要の均等理論は、供給と需要との事後的な均等の提示によって支持されることがあった。たとえばマカロックは「それに等しい購買を持たない販売などはありえない」[86]と指摘した。トーレンズは、供給と需要とは「相関的で交換可能な」言葉であると述べた。さらにまたジェイムズ・ミルは、「年々の購買と販売」とは「常にバランスしている」[87]と言った。ジョン・スチュアート・ミルとJ-B・セイも、同義反復的な表現を試みた[88]。もっともこう言ったからといって、すべての議論が純粋に同義反復的であったと申すわけではない。それはただ、論争的な圧迫のかかった状況の下では、こんな具合に防御壁がめぐらされたというだけの話しである。

貨幣理論

いくつかの要因のために古典派の貨幣理論の理解がより難しくなり、あるいはそれが誤解を生む元凶となっているのは十分に考えられることである。

一、古典派経済学は初めから反重商主義的な立場に立つものであった。この姿勢のゆえに、言葉のうえにも持続的な影響が残り、貨幣が実質変数に与える効果を説明している只中においてさえ、貨幣は重要ではないという徹底した言明を生み出したのである。

二、リカードゥ流の比較静学と長期均衡への集中により、多くの過渡的な貨幣現象が無視されてしまった。とくにリカードゥの『原理』においては然りである。もっともリカードゥは論争的な小冊子や書簡では、時々ややためらいがちにこのような問題を取り扱ってはいる。

三、古典派経済学者──および同時代の反対者たち──は、事象を考えるのに（相互作用とか相互決定とかの考え方ではなく）[89]逐次的因果を考える傾向をもっていた。そのため、一連の事象がある実物変数の変化から始まったと考えるとき、その結果生ずる貨幣現象が調整過程の重要な特徴をもつ場合にさえ、貨幣は因果の上では中立的なものとして取り扱われることがあった。

四、ケインズの有名な古典派貨幣理論に対する論争的な解釈がわざわいして、古典派の命題を新鮮な目で見、あるいはそもそもそれが作られたときの文脈で理解することが難しくなっている。

古典派の貨幣理論の多くは、『国富論』にその源を辿ることができる。『国富論』では、重商主義論駁という全力を投入した目的のために、多くの言明が重商主義対自由放任をめぐる論争の枠組みの中に置かれることとなり、この枠組みの外では、際立った役割を演じることができなかった。これらの言明は論争の枠組みを離れても顕著な意義を維持すべく構想されたものではなかったのである。他の言明のなかにはこれと明白に矛盾するものがあることを見れば、この点は蔽うべくもない。既に注意したように[90]、重商主義者は富を実質的な財・用役のフローではなく、貨幣あるいは金《きん》のストックとして考える傾向があった。スミスと古典学派の人々は貨幣が富であること[91]、あるいは資本であることを否定したばかりでなく[92]、貨幣は専ら取引上の必要のために欲せられるものと主張した。例えばスミスはこう書いている――「貨幣は財を購買する以外の目的には役に立ちえない[93]」。そしてまた、実物資本の収益に依存する利子率[94]のような実質変数に対し、貨幣は影響力をもたない[95]ものと論じられた。セイとその追随者たちによれば、貨幣の受領者はなにか他の取引において「ただちに再びその貨幣を用いるという目的のためだけに[96]」、つまりなにか他のものを「ただちに[97]」購買するためだけに貨幣を欲すると考えられたのであった[98]。

セイの法則の反対者も同一の貨幣学説を推進するために、等しく熱心であった。例えばシスモンディによれば、貨幣は「ただちに」再支出されるものとみなされた[99]。なぜなら、貨幣の「無益な停滞」は「利子を失う」ことを意味するからである[100]。またチャルマーズによれば、貨幣所得が消費されるのであれ貯蓄されるのであれ、「それはなんらかの仕方で等しく支出され[101]」、したがって総需要にはなんの変わりもないのである。シスモンディ、チャルマーズそしてローダーデイルは、あえて「貨幣について語ることなく[102]」、つまり「肥大化した金融組織[103]」の複雑な姿には説き及ぶことなく、彼らの経済分析を展開した。それは、問題の実物的現象を理解するためには、貨幣は「不必要」なものであって、それがあってもなくても「本質的には変わりなく進んでいくなりゆきの特徴を曖昧にしてしまう[104]」だけだからである。一般的過剰生産論者にとって、そしてセイの法則の支持者にとってもまた、貨幣は「ヴェイル」にすぎなかった。これに対する唯一の明白な例外は、無視された要因として貨幣に言及したマルサスであった(105)。しかしこのマルサスにしても、他の誰れよりも積極的に貨幣的現象の探求を深め、あるいはそれを分析に取り込むところまではいかなかったのである。

しかし時折この学説が語られる際に、いずれの陣営がこれを無条件で正しいものとして論じたかどうか、重要なのはこれである。それは、次のような事例を考えてみればはっきりする。「貨幣とは財を購買する以外の目的には役に立ちえないものである」と言った同じアダム・スミスが、しかも同じページで次のようにも述べている。つまり「長期においては」財と貨幣は相互に引き合うけれども、「貨幣が財をひきつけるほど即時的には、財が貨幣をひきつけるとは限らない」というのである。「即時的」な再支出について述べた当のJ-B・セイが、不況下の取引の必要性を超えた遊休残高の蓄積についても論及している。また貨幣は「たちまちのうちに」再支出されると述べた同じシスモンディが、恐慌における信用収縮の効果についても跡付けようとしている(106)。チャルマーズは、考えつくいかなる取引とも別に、貨幣的富そのものに対する資本家の需要について説き及んでさえいるのである(107)。

貨幣理論についてみると、古典学派が二足の草鞋をはいていたことは明白である。それはひとつには長期的視点と短期的視点の間を暗黙のうちに移り動くことから生ずるものであり、また一部は重商主義(あるいはその世俗的な残党)に対する反対論と貨幣現象の一般的分析との間を往来する揺れによるものである。例えば、貨幣供給が利子率に及ぼす影響などは、このふたつの揺れを共に例示するものである。ヒューム、スミス、リカードゥ及びJ・S・ミルはみな、比較静学的な意味において貨幣数量が利子率に及ぼす影響を否定した[108]。すなわち、一定量の貨幣（または金《きん》）がひとたび経済に吸収され、それに従って価格の調整がなされたならば、最終的な均衡利子率が当初の水準と異なった値になると考える理由は何もないというわけである。ところが、彼らは移行期間においては次のような現象を認めてもいる。例えば、利子率の下落傾向[109]、遊休資源の活性化[110]、実質的富の増大など[111]である。逆に、貨幣あるいは信用の縮小が起こったとき、過渡的な期間においては、国内では「極めて悲惨な帰結[112]」が生じうるし、また輸入輸出の均衡にも攪乱が生じうるというのである[113]。貨幣に対する強い予備的需要が起こり[114]、それが利子率を上昇せしめる[115]。短期においては、利子率は貨幣需要の変化によって[116]、また貨幣供給の変化によっても影響を受けると論じられている[117]。

古典学派の時期における貨幣論の随一の作品、つまり、ヘンリー・ソーントンの『英国紙券信用論』（一八〇二）は、貨幣的変化に対する「即時的」および「一時的」反作用に慎重な注意を施し[118]、「調整は確かに即時的ではない[119]」こと、また「警戒」期間においては貨幣の「退蔵」が起こりうることを指摘した[120]。彼はまた、貨幣供給の増加期において「刺激される新しい産業」にも注意を配った[121]。これらの動的な変化は、貨幣量の変化が「ある期間そのままの状態にとどまり」、その「作用を完全に出し尽くした」後に起こると期待される効果から区別された。この長期均衡の意味において、利子率は貨幣数量によって影響を受けない[122]。なぜなら長期においては、利子率を低下せしめうる要因は専ら貨幣の「累進的増大」のみであって、「既存の貨幣数量の規模ではない」からである[123]。

ソーントンは短期過渡的効果を長期均衡の効果から慎重に分離しようとしたが、この姿勢は、リカードォが他の人々の学説を彼自身の比較静学的な表現で解釈しようと繰り返し示した姿勢と比べ、鮮明な対照をなしている。この姿勢はリカードォ派の貨幣論争の特徴であり、またセイの法則や一般的過剰生産をめぐるリカードォ派の論争の特徴にもなっていた。ジェレミー・ベンサムは「即時的な原因と、多かれ少なかれ遠隔的な原因とをまず区別することから始めるのが本質的である」と明言したが[124]、そのときでさえ、ベンサムの貨幣理論に対するリカードォの批判は、厳格に比較静学の枠組みによるものであった。そして、この枠組みにおいて、リカードォは「貨幣の増加が商品の追加的数量を呼び起こす」メカニズムを解明することができなかった[125]。もっともリカードォは、この種の貨幣的効果が賃金調整の遅れや収益性の増加を通じて起こりうること[126]、また、その他の「一時的」効果が起こる可能性についても、話しのついでに注意してはいる[127]。しかし、全体として見れば、彼はベンサムが単純に「富と貨幣という言葉を混同している」ものと思い込んでいたのであった[128]。国際的貨幣移動をめぐってリカードォがマルサスおよびソーントンとの間で戦わせた論争にも、類似のパターンが明白に見てとれる[129]。

古典派の貨幣理論のおそらく最も著名な特質は、（1）「貨幣数量説」および、（2）貨幣は実質変数に影響を及ぼさないが、それを曖昧にする「ヴェイル」であるとの信念である。真の問題は、これらふたつの命題の本質的な意味である。というのも、純粋にして生一本な意味において、これらふたつの学説は個別的にも誤りであり、相互に矛盾し、また古典派経済学者の実際の見解とも一貫しないからである。

古典派時代の最も有力な貨幣理論は、もちろん貨幣数量説であった[訳注5]。しかしそれはケインズの解釈の仕方から期待されるものとは、その本質において全く異なった理論であったと言わねばならない。通常、物価水準は貨幣数量と同じ方向に、また似たような率で変化するという考え方は、古典派経済学よりもずっと早い時期に溯って存在していた。だが一方、物価水準は、貨幣数量にあらゆる過渡的調整期間を通じて一定にとどまる流通速度を乗じた値に厳密に連動しているという考え方は、古典派にも新古典派にもあるいは現代の貨幣数量説の支持者にも見出すことができないものである。短期的あるいは長期的な流通速度の変化についてはデイヴィッド・ヒューム、アダム・スミス、ヘンリー・ソーントン、T・R・マルサス、デイヴィッド・リカードォ、ナッソー・シーニオワ、ジョン・スチュアート・ミル、アルフレッド・マーシャル、クヌート・ヴィクセル、アーヴィング・フィッシャー、そしてミルトン・フリードマンなど、これらすべての人々によって分析されている[130]。そうして見ると、貨幣の流通速度を固定的とみる考え方など、ケインズが攻撃の対象とした藁人形にすぎなかったのである[131]。

貨幣の利用を節約する方法の発達によって、流通速度はある長期的な趨勢的変化を呈する。しかし数量説論者は、長期にわたっての流通速度が相対的に安定であることを仮定したのである。流通速度の短期的変化はより突発的であり、また実質変数に対する効果において、潜在的にはより激しい力をもっているのであるが、それは理論的に予測可能であり、実際上も見とおすことができるものと考えられた。さらにそのような変化は貨幣数量の変化を相殺するものではなく、むしろそれを補強する傾向を有するものであった。たとえば貨幣数量の急激な増加は、将来における購買力の減退の恐れから、貨幣保有量を減少せしめ、したがって貨幣の流通速度を高めて、物価水準を貨幣数量以上のスピードで高騰せしめる。逆に急激な貨幣数量の減少は、「確信」を失わせ、追加的な予備的貨幣保有を促進し、それによって物価の下落を強めるのである。

古典学派の時代においては、貨幣数量説によって描かれる条件を作り出すような実際のメカニズムについては、ほんの一部が明らかにされたに過ぎなかった。しかしながら、古典派の経済学者たちは、既存の価格において財の一般的欠乏が見られる場合には、一般的物価水準が上昇し、また同様に、供給が需要を上回る場合には一般的物価水準は下落することを理解していた。主要な古典派経済学者のうちで、ジョン・スチュアート・ミルは、財の超過供給と貨幣の超過需要とを等号で結んだ最初の人であった。もっとも、ジョージ・プーレット・スクロウプはそれよりもずっと早く同じような考え方を示していたし、[132]またそのような関係の提示はロバート・トーレンズ[133]およびJ-B・セイ[134]の著作にも現われている。実際、多くの古典派の学者たちは当該の期間における取引目的を超えた貨幣需要を否定したが、この考え方の中には、右の関係が含まれているのである。財の総需要と総供給とが常に等しいという主張（セイの等式）と貨幣数量説との矛盾については、新古典学派の経済学者たちが一層明確に指摘してきている。つまり、数量説が説く価格水準の変化のためには総供給と総需要とが食い違う可能性を許す必要があるという矛盾である。[135]

古典学派の人々の議論を個別的に見ると、時には唯一の貨幣需要は取引需要に限るかのように論じている人もおり、退蔵を激しく否認する人々もいる。しかし、このような個別的な議論から予想されるよりも、古典派経済学者による貨幣需要の分析はずっと詳しいものであった。貨幣理論の他の分野と同様、ここでもまた、古典派の時代において、最も完全で最も鋭く、また最も尊敬に値する分析[136]はヘンリー・ソーントンンのそれであった。彼は「警戒時」においては、「貨幣が退蔵される傾向[137]」を認めており、ある人にとっての貨幣の不足は、他の人々によって保有される現金残高が通常よりも大きいためであり、それが貨幣一般の「流通速度を一層遅らせる」ことになると考えたのである。[138]リカードォもまた、「警戒」を要する事態に際して、人々は貨幣を「退蔵」することがありうること、[139]そして貨幣は投機的目的のために需要される可能性のあることも認めていた。[140]同様に、ジョン・スチュアート・ミルも、「商業危機」の間には個人の需要は「特に貨幣に向かうものであって、商品やあるいは資本に対する需要ではない[141]」、つまり、この貨幣需要は単なる取引需要ではないと述べている。ロバート・トーレンズは、商業危機のような時期においては、金利との間の通常の関係は成立せず、「貨幣利子が上昇し、その一方で、資本の利潤が無に帰する可能性[142]」を指摘した。生産の不均等によって生じる一般的過剰生産の間、貨幣の需要はその供給を上回る。なぜなら、生産が過少であった生産者の貨幣所得は増加し、生産が過剰であった生産者の貨幣所得は減少するが、その額は相等しく（セイの法則による）、前者が後者に貸し付けを行なう動機が低下する可能性があるからである。トーレンズの言葉ではこうである――「農業、工業、通商における複合的な悪条件が、流動資本の保有者に対して大きな混乱を与え、彼らはより状況の良い時ならば何の問題も感じない債券に対して融資を拒むであろう[143]」。

マカロックは、「一般的過剰生産」が「貨幣の恒久的欠乏」によるものであることを明確に否定したが、それにもかかわらず、彼は貨幣供給の「急激かつ大規模な変化」が経済の「大混乱」を惹き起こし、「これから市場における一般的過剰生産が発生する可能性」を認めた。しかもそれは、「激しい変化の生じたお膝元の国ばかりでなく、この国の供給のかなりな部分を、通常そこからの輸入に依存している他の国々についても同様」[144]と考えられた。

古典派経済学者の考えた貨幣の供給曲線は、現代の経済学者の考えるそれとは顕著に異なっている。貨幣当局によって決定される貨幣供給は無限に非弾力的であるが、金《きん》の供給は他の諸国のそれと等しい固定価格の下で、完全に弾力的と考えられていた。直接的な金の輸送、あるいは同一の購買力平価を生み出す傾向にある紙券の取引を通じて、金地金の購買力は国際的に均等化される[145]。紙幣が介在する場合には、国際物価水準は必ずしも均等化されないが、金の国際的購買力はやはり均等化される傾向がある。その意味するところは次のようである。インフレーション下での紙幣制度においては、金の地金価格は鋳貨の価値あるいは紙幣で測ったその名目価値を超える傾向をもつ[146]。政府によって行なわれるさまざまな制限により、これらの傾向がはっきり姿を現わすことは防止されるかもしれないが、そこに生まれる圧力により、それらは他の形をとって立ち現われる。たとえば、金貨が流通から消失するとか、国際的密輸等々がそれである。

古典派時代の貨幣をめぐる論争の多くは、経験的問題に関わるものであった。貨幣供給――当時もいまもさまざまに定義されているが――の過去及び現在における実態、および提案される種々の政策から期待される結果に関する経験的問題などがこれである。古典学派の価値理論およびその他の分野では、純粋に理論的な議論がかなり行なわれたのであるが、貨幣問題については事情が異なる。その純粋に理論的な論争が、古典派経済学を際立たせる特徴になっていたとはいえないのである。古典派の経済学者は政府に対する一般的不信感を持っていたので、紙幣はインフレーションへつながる道とみなされる傾向があった。だが一方では、適切に規制されるならば、原則として紙幣はうまく機能すると評価されていた。それは金《きん》に代わって同じ仕事をはるかに安価な費用で賄う手段であるからである。[147]

ケインズ派の解釈に反して、古典派の経済学者たちは無限の価格伸縮性を前提にしてはいなかった。古典派の経済学者の著作の中に、この仮定が明記されていることはなかったし、貨幣的変化による実質変数の重要な短期的変化を彼らは繰り返して認めており、これを見れば、暗黙のうちに完全な価格伸縮性は否定されているのである。先に注意したとおり、古典派の経済学者たちは、ある短期的条件の下では貨幣供給の増加が利子率を低下せしめ、潜在能力のより完全な利用をもたらし、それによって実質生産量を増加せしめることを認めていた。リカードォもまた、貨幣賃金率は価格の上昇に遅れるもので、実質賃金率が短期的に下落し、それに対応して利潤率は上昇し、したがって貯蓄率・投資率の増加が生ずることを認めた。[148]これがいわゆる強制貯蓄の理論であり、就中《なかんずく》マルサス、ソーントン、およびトーレンズによっても裏書されたものであった。[149]それに対応して、リカードォによれば、貨幣供給の急激な減少は「悲惨」なものでありうるとされたし、[150]またJ-B・セイは実は遊休貨幣が現代の不況の原因であると述べた。[151]リカードォはマルサス体系の一部をなす賃金の下方硬直性という考え方に反対した。[152]ところが、リカードォ自身がその具体例を挙げているのである。[153]ソーントンは低い価格の及ぼす効果と下落しつつある価格の効果とを区別した。そして、恒久的均衡条件としての低価格は失業を惹き起こさないけれども、価格が一時的に下落してもおそらく「それに伴って賃金率は下落しないので」、失業が発生し、国民生産物は減少するで

あろうと論じたのであった。(154)

財政政策

さまざまな課税方式が社会階層ごとに及ぼす影響、およびこれらの課税が配分上にもつ意味などが、リカードォやリカードォ派経済学者の主要なミクロ経済学的関心事であった。実際、リカードォは「それが政府を正しい課税政策に導く」場合に「限って(155)」、経済原理をただちに有用なものとみなしたのであった。なぜなら、それ以外の場合には自由放任(政策の欠如)が十分な政策であったからである。政府の活動を賄うための逃げ場のない必要性から課税が不可避となり、配分と分配の上に課税が及ぼす効果を如何にして中立化するかという問題が起こった。アダム・スミスも、リカードォ派の人々ほど心を砕いたとはいえないまでも、やはり同じように課税の効果には関心を払った。古典派経済学者は政府の財政政策のマクロ経済学的側面よりもミクロ経済学的側面に幾分多くの注意を向けたのであったが、しかしそれでもなお、政府の財政活動が総需要、資本ストック、および雇用に与える帰結についても重要な所見を有していた。一方、異端の経済学者たち——特にローダーデイル——は、そのようなマクロ経済学的問題について、より一層多くの語るべき知見をもってさえいた。

古典派経済学者は赤字支出に反対し、国の負債の完済を提唱した。もっともこの主張はケインズ以後の経済学がその論破に力を集中してきた素朴な理由に基づくものではない。「われわれは自分自身に借金しているのである」という現代的な考え方は、アダム・スミスの時代にも明らかに広く行なわれていた。実際『国富論』の企図が、財政収入は単なる「移転」にすぎず、国全体としては「ビタ一文も貧しく」なっているわけではないという考え方を論破するところにあったことを見てもそれがわかる。[156] スミスは「公的資金のかなり大きな割合」が外国人によって保持されているので、事実上、この見解は正しくないと論じた。より基本的なことは、スミスやのちの古典派経済学者たちが、国の負債から生じる損失を、それが市場に惹き起こす客観的な目に見える反応の結果として説明したことである。つまりスミスは、高額な国の負債の存在によって必要とされる重税は、国内の効率的な生産へ向かう動機を著しく阻害し、また若干の資本が外国へ移動する原因にもなると考えた。[157] 同じ政府支出を賄うためには税以外の代替的な手段もあろう。しかしここでスミスは、これらの手段が経済的動機を損なう効果について思索をめぐらしているようには思われない。実際、明らかにスミスの脳裏に映じていたのは、政府が他の手段でなく、国民に訴えて一層の重税を課さねばならない場合に、総支出はより少額に抑えられるであろうこと、これであった。

リカードゥも同様に、赤字支出に反対した。それが「節約心を衰えさせ、われわれを現実の状況から盲目にしがち[158]」だからである。「経済の観点からは」、すべての人が完全に合理的に行動するならば、税による資金調達と債券による資金調達との間に「実質的な相違は何もない」。ただし、負債は「のちの世代の人々によって支払われるであろう」という「若干の曖昧な観念をもつ」人はいるであろうが、それにもかかわらずこの結論は正しい。[159] リカードゥはこう尋ねた。一定の税を課せられた一定額の財産を子孫に残すのと、税の支払総額を資本化した価値だけ削られた免税財産を残すのと、いったい「どんな違いがあるのだろうか」[160]。スミスと同様リカードォも、高額の国の負債がもたらす結果について、投機家たちが恐怖心を抱くようになったとき、資本の輸出が起こることをあやぶんだ[161]。またリカードォはスミスとともに、赤字支出の政治的便宜のために支出総額が増加し、また「無節制」――ふたりともこの同じ言葉を用いている――つまり好戦的となる危険が大きくなることを気づかった[162]。リカードォは付け加えてこう言っている。「戦争を支持する課税を国民に訴える必要を内閣に押し付けるほど、平和の持続のために大きな安心はない」[163]。

古典学派の財政政策論に対する最大の挑戦は、ローダーデイル卿により発せられたもので、それは、セイの法則に対する彼の一般的批判に結びついている。ローダーデイルはこう論じた。われわれは自分自身に借金しているのである[164]。「ある人から他の人への一定額の譲渡が、全体としての集合的富を減少せしめることはあり得ない」[165]。そして、公共部門の負債と私的部門の負債との類似性を、前者が国内における負債である限りにおいて否定したのであった[166]。彼の議論のこの部分は、根本的な理論の相違というよりは、古典学派の前提の見直しを表明している。ローダーデイルと古典派の伝統との理論的相違は、減債基金の理論を論ずる中から生じてきた。いわゆる減債基金は国の負債を回収する手段であるが、スミスとリカードォはこれを錯覚として[167]、また支出増加への誘惑として非難した[168]。これに対してローダーデイルは、この案が誠実に遂行された場合に期待される効果の観点から攻撃を加えた。減債基金の背景にある理論によれば、一連の予算上の剰余が政府によって投資され、利子と元本の双方が最終的には国の負債を回収するために用いられるのである。ローダーデイルは、この予算上の剰余は結局、消費支出を投資支出に転換するものであり、「資本の単なる譲渡ではなく資本を創造する効果を有する」[169]と論じた。こうして、収利性のある投資には果たして限界があるのかどうか、という問題が起こったのである。

課税されなければ、(その全体または一部が)消費に費されたはずの所得に課税し、それを投資に回すことによって、自発的投資が現行収益率の下で手を出せる点を超えて、「政府の権威による強制蓄積」[170]を生み出す――これが減債基金の枠組みである。この投資増分の非自発的な性格は、ローダーデイルによって繰り返し強調されたところである[171]。ローダーデイルを批判するジェイムズ・ミルでさえも、ローダーデイルが「自発的吝嗇」[172]について語っているのではないことを認めている。もちろん長期においては、総投資(公共投資プラス民間投資)が同一のままである可能性はある。つまりそれは、資本供給の増加が収益率をその供給価格以下に押し下げ、民間投資家が投資を手控えることによる。この可能性についてローダーデイルは明確に議論していない。もっとも需要パターンの「急激な」変化[173]や強制投資の「迅速」が論じられていること、それにまた彼の議論の全般的な脈絡を見ると、ここでは短期の問題が考察の対象になっているのであろう。そう考えれば確かに、ローダーデイルは総供給と総需要とは放っておけば均衡に向かうことを議論の余地のないものと認めていたので[174]、長期の停滞については何の言及もしていないのである[175]。

スミス、リカードォと同様、ローダーデイルは減債基金の理論が実際には決して実行されることはないと信じていた。そこで、彼の議論の実質上の矛先は、資本の量にいかなる限界も存在しないという古典派の見解に向けられたのであった。ローダーデイルは逐次的に投下される資本の収穫逓減を前提としたとき、維持可能な投資には短期的限界があることを初めて発見した人である[176]。彼の見解は、比較静学に力点を置くリカードォ派経済学者たちによって無視され、あるいは歪められた。けれども、彼の議論の本質はJ・S・ミルの著作の中に全面的に甦ったのであった(177)。

対ナポレオン抗争の期間における英国の戦時景気と戦後の不況とを照らし合わせ、政府支出が総需要に与える効果については、数多くの再検討がなされた。政府支出は支出の純増ではなく移転に過ぎないという古典派の学説は、一八二三年、ウィリアム・ブレイクの批判にさらされた。ブレイクは現行の収益率の下で民間投資のための流動資金の調達は困難であることが時々起こるが、同じ収益率の下で政府公債の購入のためならば、資金調達が可能であると述べた。それは貸し手が、「民間の借り手の安全性よりも政府の安全性を好む」からにほかならない(178)。したがって、赤字支出は貨幣需要の単なる移転ではなく、その純増を表わしているというのである。ブレイクは財政政策によって恒常的成長率の増加を演出するどんな試みにも否定的であったのだが(179)、リカードォ、ジェイムズ・ミルおよびジョン・スチュアート・ミルは本質的に長期の比較静学的立場からブレイクに攻撃を加えた(180)。しかし、後に若きミルは、その『経済学の未解決問題』の中で、経済には遊休資本とか遊休流動資産の退蔵などが生ずるというブレイクの考え方を、(断りもなく)借用したのであった(181)。

要約と結論

古典派経済学が経済成長の問題に専ら関心を寄せたことは、そのマクロ経済学の発達と表現の全体に影響を与えた。経済が収利性を以て吸収することのできるものにはある究極的な限界があって、経済成長はそこに到達したか、あるいはそこに接近しているのではないかと恐れる人々がいる。セイの法則は、こうした人々に答えを与えるものであった。セイの法則の要点は、そのような限界など全く存在しないということであった。「さもなければ、チャールズ六世の悲惨なる御代と比べて、五倍も六倍もの多量にのぼる商品をフランスで売り買いすることなど、どうして可能であろうか(182)」。セイの法則の批判者であるシスモンディ、ローダーデイル、マルサスおよびその他の人々は、市場は常に売れ残りなく捌けるものであるとか、長期的成長は無制限であるといった根本的命題に立ち向かったわけではない。彼らは、経済成長の関連する別の考え方に挑戦したのである。つまり、貯蓄量の増加が必ず成長率を高めるという命題、これである。一般的過剰生産論者たちは、貯蓄と産出量にはある均衡水準があって、将来のある時点において改善された技術の下でより多くの貯蓄・産出量が維持可能となったとしても、この均衡水準を超えると稼得収益の減少から経済は縮小せざるを得ないと考えたのである。

貨幣の役割もまた成長に関連する枠組みの中で考えられた。重商主義の考え方とは異なり、貨幣数量の多寡は実質産出量の成長に長期的な差異をもたらさない。彼らは貨幣を実質経済には変更を及ぼさないが、それを曖昧にする「ヴェイル」のようなものだと言ったが、右に述べたことは、この呼称に十分な理由を与えるものであった。世に流布した重商主義の考え方との長い戦いのために、貨幣の中立性にはいくらか強い言葉が使われるようになった。しかしそれは、貨幣が実質変数の動きに短期的には影響を与えることを認める古典派の多くの考え方とは矛盾するものであった。財政政策が総生産物に短期的効果を及ぼす可能性は、経済成長が移転によって影響を受けない長期的見通しに視野を移すことによって無視され、あるいは否定されたのであった。政府による投資の供給（ローダーデイル）あるいは政府による財の需要（ブレイク）が移転以上のなにものかを意味する短期的状況は、そのような需要は移転にすぎないと想定することによって葬り去られたのである。

古典派の経済学者は他の人々の見解を学ぶことにおいて、最善を尽くしたとはいえないが、しかし経済現象の理解においては古典派の読者が考えるよりもはるかに複雑精巧であった。古典派の経済学者は断定的な主張を好む傾向をもっていたが、彼らは例外や修正を認め、しかもその権威がひとたび擁護される限り、異端の見解のあるものをいつのまにか自らの体系の中に引き込んでしまうほどの寛容を示した。それほど彼らは矛盾をおかすことへの慎ましい寛容を具えていたのであった。

第三章　ミクロ経済学

古典派のマクロ経済学と同様、その配分と分配の理論もまた、専ら長期的成長に寄せられた関心を反映している。古典派経済学者が用いた概念や理論の多くが静学的であったにもかかわらず、これらの理論が適用された主たる関心の対象は全く短期的問題であったともまたおもにそうだったともいえない。静学的概念としての収穫逓減の分析的法則は、歴史的収穫逓減とその含意を論ずるための出発点にすぎなかった。静学的均衡の下で機能的分配を説くリカードゥ流の枠組み[1]は、リカードゥの真の関心事、すなわち経済成長・発展を伴う時間を通じての分配様式の変化を議論するために、その基礎として用いられたのである。古典派の時代においては、短期の問題は主として異端の学者たちが得意とする領域であった。

古典派のマクロ経済学にはセイの法則が枢要な役割を果たしたが、ミクロ経済学においては収穫逓減の法則がそれに匹敵する役廻りを演じた。収穫逓減は地代理論において重要であったばかりでなく、それはマルサスの人口理論の暗黙の前提であった。そしてまた時間を通じての賃金・利潤の動きを説明する理論においてもなくてはならない法則であった。古典派の価値学説は、その発達と表現の軌跡に見られるとおり、古典派全体系の基礎的建築ブロックを成すものであった。しかしながら古典派体系の大方の諸理論は、いわゆる労働価値説(訳注1)に触れることなく、これを提示することができる。ここでは、古典派の価値理論に言及せずに、まず古典派のミクロ経済学の実質を考察しよう。そのあとであらためて価値理論に進むのが、古典派の時代にそれが様々な形で定式化された事情を理解する近道であろうと思われる。

収穫逓減

セイの法則の場合と同様、収穫逓減の法則についても現代的な精緻化が施され、古典派の時代に明文化され論争の種となった形よりもはるかに曖昧さの少ない分析原理が生み出された。しかし再びセイの法則の場合と同様、分析上の明晰化がなされた結果、初期の経済学者たちの議論・論争の対象に現代的な学説が読み込まれてしまうという事態が起こり、これが歴史を見る場合の混乱を招く源となりうるのである。古典派の収穫逓減には三つの異なる意味がある(訳注2)。

一、劣等地が耕作に引き入れられるにつれて、農業生産物の増加率は減少する。これは全くの同義反復にすぎない。なぜなら「劣等」地とは投入物を産出物に変換する、まさにその能力について劣等であることを指しているからである。

二、固定的な投入物に可変的な投入物を等量ずつ逐次的に加えていくと、一定の技術水準の下においては、産出量の増分は減少する。これが現代的な静学的収穫逓減法則に近い命題である。三、耕作に適した固定的な量の土地に対して、労働と資本を等量ずつ逐次的に加えると、通常の技術進歩にもかかわらず、生産される産出物の増分は歴史的に見て減少するものであったし、また今後も減少するであろう。これが古典派の政策論に極めて重要な意味をもつ学説であった。

古典派経済学者は通常、収穫逓減に関するその考え方を極めて厳格に守っていたわけではなかった。そして分析の最中でも、やや安直かつ無頓着にひとつの概念から他の概念へと飛び移ったのである。たとえば彼らは時に、収穫逓減法則が平均生産物の逓減を指すものとして扱い(2)、またある時には、限界生産物の逓減を指すものとして扱った(3)。ある時には、一定の技術の下での収穫逓減を指すものとして(4)、時には、技術進歩があるにもかかわらず収穫逓減が生ずることを意味するものとして語ったのであった(5)。収穫逓減は、とくに農業に対して当てはまるものとして考えられたが、その一方で、工業部門は収穫一定または収穫逓増を呈するものと考えられていた。ここでまた曖昧な点がある。つまり時には、工業部門には規模に関する収穫逓増があると述べられ(6)、また別の時には、時間を通じての収穫逓増があるとも述べられた(7)。ところがまたリカードォとマカロックは、収穫逓減の法則と逓増的限界費用による価格の決定を、農業部門の中だけでなくそれ以外の部門でも、より一般的な妥当性をもちうるものと考えていたのであった(8)。

古典派経済学者にとって極めて明瞭なことは、その全分析体系にとって収穫逓減が有する著しい重要性であった。ジョン・スチュアート・ミルはこう言っている。「農業部門のこの一般法則は、経済学における最重要な命題である。もし仮にこの法則が異なったものであるとしたら、富の生産と分配に関する殆どすべての現象は現状とは違ったものになるはずである」(9)。

地代

古典派経済学のなかで、リカードォ流の地代ほど明瞭かつ直接的に定義された概念は殆どなかった。「地代は大地の生産物のうち、土壌の本源的かつ不可滅の特性の使用に対して地主に支払われる部分である」(10)。しかしこの定義は、リカードォ自身によってすぐに修正を加えられた。支払いが地主に対してなされるのか、他に対してなされるのか、それは問題ではなかった。たとえば、固定的な条件での賃貸しや、地代に対する課税により(あるいは、異なった制度的措置をもつ社会はそれに応じて)、地主の収める額は配分上の結果を変えることなく、地代よりも多く、あるいはそれよりも少ないことがありえたのである(11)。さらにまた、土壌の本源的特性ばかりでなく、いかなる恒常的な改善も地代を生んだ(12)。最後に、地代は農業部門以外にも適用されうるものであった(13)。リカードォのあまり引用されることのない次のような地代の定義は、より一貫して忠実に守られ、また現代の学説に近いものであった。「……等量の資本と労働の組み合せがふたつあって、それを用いることによって得られる生産物の差が常に地代である」(14)。

ますます大きくなっていく食料の必要を賄うために、地味が漸次劣化してゆく土地に次々と頼らざるを得ないという事情を描くことが、リカードォ派の人々およびその普及者たちの十八番の説明法であった(訳注3)。

与えられた時点において耕作されている最劣等地とは、その収穫が「正常利潤」を含む生産費をちょうどカバーし、地代のためには何も残さないような土地である。そのような地代を生まない土地の生産物と、優等地の生産物との差が地代である。しかしながら、収穫逓減あるいは地代が生ずるためには、土地に様々な等級があることや無地代の土地があることは、いずれも必要でもなければ十分でもない。表1は、異なった等級の土地に様々な労働投入を行なったときの生産物量を示している。これを見ることによって、ウェスト＝マルサス＝リカードォの分析の前提を明らかにすることができる。

表1

土地の等級＼労働者数	1	2	3	4
A	10	18	24	28
B	9	16	21	24
C	8	14	18	20
D	7	12	15	16

まずこの表を横に読んでいこう。可変投入量の増加につれて産出量の増分が逓減し、それが収穫逓減と地代が生ずるための十分条件なのである。いま仮に、すべての土地が*A*等地だとしても、収穫逓減と地代とは共に発生する。もし農産物の価格が*A*等地にふたりの労働者を雇用するに十分であるとすれば、第二の労働者の収穫増分である八単位は正常報酬を与えるものでなければならない。したがって、第一の労働者の報酬つまり十単位は正常を超える報酬、つまり地代を生まなければならない。同様に、三人の労働者が雇用されるとすれば、第二労働者の限界生産物は二単位の地代を含まなければならず、また第一生産者のそれは四単位の地代を含まなければならない。次に表を縦に

読んでいこう。より肥沃度の貧しい土地が使用されるにつれて、生ずる生産物増分は減少している。土地の等級の差は収穫逓減あるいは地代を生ぜしめる不可欠の要件というわけではない。だが土地の等級を考えることで、こうした現象が発生しているありさまがはっきりとひと目で見てとれるであろう。歴史的な土地利用の進歩のパターンがこのモデルのそれと同じであるかどうか、また無地代の土地が本当にあるのかどうかを問う批評は的を外れている。スミス、ウェスト、マルサスおよびリカードォ派の人々はみな、立地上の便宜が地代に影響を与えることを知っていた。[15]そしてウェストは、多くの事情がより肥沃度の劣る土地を耕作していくときの「原理の作動に攪乱を惹き起こす可能性がある」ことに注意している。[16]より重要なことであるが、肥沃度の劣る土地に頼る状況は、収穫逓減の法則が優等地において既に作動していることを示すにすぎない。[17]B等地においてひとりの労働者が使われ、九単位の生産物を生むとすれば、この状況はA等地に使われている第一の労働者が生み出す十単位の収穫が、A等地上の第二の生産者によっては反復されえないことによって生ずるのである。それは、「労働を追加しても、古い土地では以前ほどの利益を生み出すことはできないという事実の証明である[18]」。

無地代の土地については、それが存在するや否やは原理上、「全く重要ではない」。なぜなら可変的な投入物の限界的増分が「正常利潤を伴う資本の収益をもたらすにすぎない」ならば、これを超えるいかなる収穫も地代になるので、無地代の土地の存否はどちらでも「同じことだからである[19]」。表1において、ひとりあたり四単位の生産物増分が「通常利潤」を生み出すとすれば、A等地には四人の労働者が、B等地とC等地には三人の労働者が、そしてD等地にはふたりの労働者が雇用されるであろう。各等級の土地は地代を生み、それは地代が生じない集約的な耕作の限界における収穫と、可変的投入の限界に達する以前の増分から生ずる収穫との差に等しい。こうして地代はD等地には四単位、C等地には六単位、B等地には九単位、A等地には十二単位だけ生ずるのである。「耕作に引き入れられている土地のうち」、無地代の土地はたとえ「存在しないとしても」、「それでもなお、次のことは正しいであろう。すなわち地代を支払わない農業資本のある部分が必ず存在する」[20]のであって、これを上回る限界内の収穫がリカードォ流の地代となるのである。

リカードォ派の人々は明確にそして一貫して地代は価格によって決定されるものであり、それ自体が価格の決定因ではないと強調した。価格は限界における逓増的生産費によって決定される。限界以内のより低廉な費用は価格には何の影響も及ぼさない。しかし安く生産されたものも、より高い費用の下に既に決定された価格と同じ価格で販売される。これによって余剰収益すなわち地代が発生するのである。アダム・スミスは、時には地代が価格によって決定されると述べ、また別のところでは、地代は価格の決定因であると述べた[21]。リカードォはこのようなアダム・スミスの立場に極めて批判的であった。この点は、一見したところスミスの単純な混乱の事例と見えるかもしれない。しかし言葉の使い方があまり厳密ではないものの、実はリカードォ派のそれよりも深い洞察を示すものだったのである。

リカードォ派のモデルでは単純化のためにひとつの農業生産物だけが扱われている。スミスの分析では土地の代替的用途が考慮されており、ある用途での地代は、同じ土地の代替的用途へ向けての必要供給価格として扱われている[22]。またスミスの分析では、出漁のため海岸沿いの土地を他の目的での利用から確保することが必要なとき、地代は魚の価格の一部を成しうるとさえ考えられたのであった(23)。時にスミスは、地代をもって価格の「構成部分(24)」であるという事実に言及し、地代、利潤、および賃金等が独立に決定され、それが相合して価格を決定するといった具合に読める説明を与えたのである。実際、リカードォはスミスをこのように理解した(25)。しかしながらスミスは、一般に地代は価格によって決定され、価格を決定するものではないと考えていたのであって、この点はのちの古典派経済学者と同様に明らかであった。

したがって次のことが理解されねばならない。地代は賃金や利潤が商品の価格の構成にはいり込んでくるのとは異なった径路で価格の構成に参画するのである。賃金や利潤の高低は、価格の高低の原因である。一方、地代の高低は、価格の高低の結果である。価格の高低は、特定の商品を市場にもたらすために支払わなければならない賃金および利潤の高低による。しかし、その商品が高い地代を生むか低い地代を生むか、それとも地代を全く生じないか、それは賃金と利潤とを十分に支払う額を価格が超える大きさが非常に大きいか、非常に小さいか、あるいは全くないかによるのである(26)。

ジョン・スチュアート・ミルは、地代の経済的概念とそれを律する原理が農業部門の内側だけでなく、その外にも適用されることを認めていた。そのような状況は「産業の取引において、普通考えられるよりも一層頻繁に起こるものである(27)」。これには特許、「優れたビジネスの才能(28)」、そして実際、「それが天性のものであれ後天的なものであれ、また私的なものであれ社会的措置の結果であれ(29)」、ある商品の価格を決める限界での費用よりも安価な生産を生産者に許すすべての経済的便宜が含まれるのである。

地代は重要な政策的な意味あいをもつもので、それはリカードォ派の人々にとってだけでなく、後《のち》の一層急進的なグループにとっても同様であった。歴史的事実としての耕作限界の拡張は、やはり歴史的な収穫逓減を伴う。これは国民生産物に占める地代の分け前の増加を意味し、地主をして進歩の受動的受益者たらしめる。「リカードォ派」の地代モデルは、外国の小麦を封鎖する制限法、いわゆる穀物法をめぐる論争にその源を発している。食糧の自由な輸入と技術進歩は、割高なコストでのより集約的あるいはより拡張的な耕作の必要を減ずる手段であり、またそれによって農業地代を減ずる（あるいはその増加を遅らせる）手段であった。リカードォ派の地代は要素供給価格ではないので、資源配分や国民生産物に悪影響を与えずにそれに課税し、あるいは規制することが可能であった。(30) リカードォとＪ・Ｓ・ミルは、純地代を観察される地代総額から切り離すという大きな実際的問題に気づいていた。地代総額とは農業投資――もしその報酬が減額されたならば、維持されないであろう投資に対する報酬を含むものである。この点についてマカロックは、純農業地代が農業地代支払総額のうちで大きな割合を占めるものであるかどうか、まして国民生産物のうちに占める割合ははるかに小さいのではないかとさえ疑った。(31) しかし地代は、この不労所得によって醸し出された道徳的義憤のために、ヘンリー・ジョージの地代に対する「単一課税運動」や、ジョージ・バーナード・ショーのフェビアン社会主義の中枢を担う花形となったのであった。(32)

利潤

農業における収穫逓減は、農業地代の古典的理論ばかりでなく、産業利潤に関する古典的理論にとっても枢要な役割を果たすものであった。ここでまた、時間を通じての歴史的収穫逓減が、静学的条件の下での収穫逓減に関する分析的原理よりも一層重要であった。生産部門における費用函数はその形状においてだけでなく、時間を通じての変位の仕方においても、農業部門の費用函数とは異なるものと考えられていた。農業における限界費用はただ逓増するというだけでなく、極めて急角度に上昇し、そのため技術進歩によって起こると期待される何らかの下方変位を以てしても相殺することができないと想定されていた。製造業部門においては、費用函数は一定あるいは右下がりの形状をもち、しかもまた技術進歩や組織上の改良に応じ、よりすみやかに時間を通じて下方へ変位するものと仮定されていたのである(33)。

要素投入によって測られた実質生産費は、製造業部門では時間を通じて逓減するものと考えられていたが、その一方では主要生産要素すなわち労働を雇用するための費用が、食糧の限界費用の上昇により騰貴する。その正味の結果として利潤の長期的下落が生ずる。社会の総労働時間のうち、より大きな割合が労働者自身の生存資料を生み出すために必要とされ、有産階級の人々の実質所得、つまり利潤と地代を生み出すために残されている時間はより少なくなる。収穫逓減により、一層集約的・拡張的な耕作が強いられるため、地代は生産物のより大きな分け前を要求するであろう。かくして残る利潤の分け前は下落しなければならない。

リカードゥ派のモデルでは、実質賃金は文化的に決定されたある「生存費」水準にとどまるが、この一定の生存資料を生産するために必要な労働時間数は、農業部門における歴史的収穫逓減により、時間を通じて増大する。リカードゥは実際には、賃金が生存費水準（人口が定常となる賃金）[34]にとどまると信じていたわけではない。だが仮に、より「現実的」な仮定――たとえば生活水準の上昇といった仮定を採ったとしても、彼の結論は変わらなかったであろうし、むしろその結論を強めただけであったろう。究極において、資本の収益率の逓減は、純投資をゼロとなるまで減少せしめ――つまり定常状態を生み出すのである[35]。

農業部門の歴史的収穫が一定であるか、または逓増的であると仮定すれば、「資本の利潤は改良の進展とともに絶えず上昇しなければならない[36]」。ところがこれは、観察された事実とは相違する。「資本の利潤は改良の進展の過程において下落することが知られており、したがって右のふたつの仮定はいずれも正しくない。それゆえ実際には、農業における労働の生産性は、改良が進む過程において低下しなければならないのである[37]」。

静学的なモデルにおける分析的な収穫逓減原理から、実世界において経済にくまなく起こる歴史的収穫逓減という実際的学説に移るためには、ふたつの追加的仮定を要する。(一)農業部門における技術進歩は、静学的収穫逓減を相殺するには十分でないこと。(二)製造業部門の技術進歩は農業部門における収穫逓減に基づく労働費用の上昇を相殺するには十分でないこと。

アダム・スミスは、長期的な利潤率が資本の成長と要素市場における競争の結果として低落すると述べたが、ウェストとリカードォはともに、この理論に攻撃を加えた。[38] スミスはある特定産業の利潤がその産業における投資の増大とともに下落するということから、投資が経済にくまなく増加するにつれて経済全体としての利潤も下落することを説いた。[39] ウェストとリカードォは資本、生産物および人口が増大しても、蓄積された利潤量と区別される利潤率が変化することはないと指摘した。[40] リカードォはまた、スミスが「追加的な資本が雇用する追加的労働者数を養うための食糧の供給に困難が増すことを全く論じていない」と主張した。[41] ところがスミスは次のような状況に言及しているのである。つまり、「最も肥沃で最も地の利を得た土地がすべて占有されてしまったのちに、肥沃度の点でも地の利の点においても劣等な土地が耕作されることによって、利潤が減少する可能性がある」ので、「資本の利潤は漸次的に減少する」[42] というのである。

スミス、ウェストおよびリカードォ学派（この意味ではカール・マルクスを含む）は、利潤率の歴史的逓減を説明しようとしたけれども、そこには重大な問題が存在する。すなわち事実のうえで、説明すべき対象ははたして存在したのであろうか。利潤率は真に下落していたのであろうか。利子率は歴史的に減少していることが観察されており、古典派経済学者は利潤率と利子率との間にはある一般的な関係が成り立つと考えていた。[43] しかしながら、時間とともにより良い市場が発展するにつれて、危険プレミアムは減少し、それが純利子率と純利潤率は不変としても、観察される粗利子率を引き下げた可能性が考えられるのである。[44]

人口

収穫逓減の法則は、マルサスの人口理論の中に暗黙に含まれているものであった。しかし、一七九八年に上梓されたマルサス『人口論』のこの含意が一八一五年刊の『地代の本質』において明らかにされるまでには、十七年という歳月が経過したのである。食糧は算術的比率で成長し、また人口は幾何学的比率で成長するという有名な命題は、収穫逓減の法則を語るものではない。それはマルサスの思想に含まれる著しい曖昧さの事例であり、曖昧なものはえてして論破することが難しいので、それがかえって持続的な影響力を生む大きな源泉のひとつだったのである。食糧と人口の成長率の間に格差があるというマルサスの理論には、少なくとも三通りの異なった解釈があり得る。

一、人口の理論的に可能な成長率は、食糧の理論的に可能な成長率よりも大である。
二、人口の実際の成長率は、食糧の実際の成長率よりも大であった(大であろう)。
三、人口の理論的に可能な成長率は、食糧の実際の成長率よりも大である。過去においてもそうであったし、将来も同様であろう。

ひとたびこのように述べてみると、初めのふたつの命題は、実際にはもとより問題にならない。人間の食糧は、植物と動物とからなり、その殆どすべては人間よりも短期間に、またより多くの子孫を伴って再生産される。したがって、食糧の理論的な潜在成長力は、人間のそれよりもより高い位数の幾何学的比率をもつのである。理論的な成長率ではなく、実際の成長率を比べた場合には、マルサスの前にもまたその後においても、ひとり当たりの食糧消費は、一般に何世紀もの間にわたって増加してきた。これは、食糧が人口よりも歴史的により速やかに増大してきたことを語っているのである。

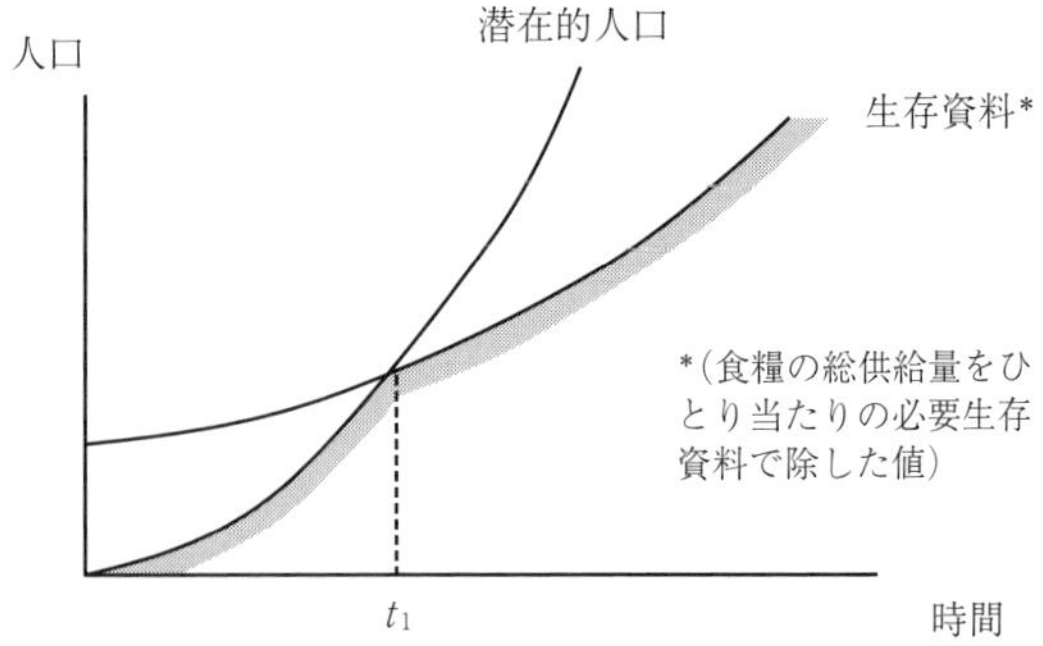

図 2

第三の命題はもっと擁護しやすいが、それだけではあまり意味がないものである。より早い時期にも、人間の再生産潜在力が、食糧供給の観察される増加率を超えることに注意した著者はいくらでもいた。彼らの想定は典型的には次のいずれかであった。(一)人間再生産の潜在力が十分に働いていないと考えるか、(二)農業の改善、あるいは人口成長自体から生ずる労働投入の増加の結果として、食糧の供給は過去よりも将来において一層速やかに増加するであろうと考えるかのいずれかである。マルサスはこれらふたつの想定のいずれをも拒絶した。マルサスによれば、「生存資料が存在する場合には」、人口は「不変の」増加を遂げる。(45) 一方、歴史的には農業における収穫逓減が作用して、人口の成長を克服するほどに十分な食糧の成長は阻害されていたというのである（図2を見よ）。

マルサスの計算では、それを支える十分な食糧が用意されている人口よりも、「抑制なき」人口成長の潜在力の方が大であった。

ある時点（t_1）に至るまで、そのとき存在していた人口よりも大きな人口を養うに十分な食糧が存在したので、人口は実際にその潜在的な率で成長することができた。ところが、ひとたびこの点に到達し、人口がちょうど生存資料で賄いうる数に等しくなると、実際の人口の増加（灰色の線）は、その後は必然的に食糧供給の成長の後を追わなければならない。これがマルサス人口原理の経験的な意味合いである。なぜならマルサスは、時点（t_1）がはるか昔に過ぎてしまったことを仮定しているからである。「……人口数がそれを養う生存資料を超過する時点は、はるか以前に達せられており、……（中略）……人類の有史以来ずっとその状態にあって、現在までもそれが存続し、また永遠にその状態が続くであろう」[46]。人口と食糧とが観察される同一の率で共に増加するという、この明快な経験的命題を見るとき、マルサスの同時代人たちの間で、幾十年にもわたってとりかわされ、また彼の死後一世紀以上の間にわたって、周期的に復活した猛烈な論争は一体何であったのか、これを理解することは難しいほどである。原理的には経験によって決着がつく問題が、それと相容れない証拠が積み重なるにつれて、実際には言葉の上のごまかしによって救済される学説になってしまったのであった。

マルサスの人口理論には、はじめからふたつの修正点がついて回っていた。第一に、望ましい生活条件（食、医療、健康的環境等）に応じて、人口は遅れを以て成長し、またこのような条件が劣化するとき、人口は遅れをもって減少するので、食料と人口の成長は短期間には一時的乱調に陥る可能性がある。しかし、新しい世代が生まれ、その数が新しい状況に調整されるほど十分に長い期間を考えれば、一方が他方を上回ったままの状態にとどまることはできないのである。予見される趨勢線は不変であるが、それをめぐる「振動」(47)が生じうるのである。第二に、利用可能な生存資料によって与えられる人が生きる余地、これをことごとく埋め尽くす無制限な人口の増加は、下層あるいは労働階級の特性であって、社会の上層階級によっては共有されないものであると主張された(48)。マルサスは、しばしば「人間本性」とか「自然の法則」とかに説き及んでいるけれども、彼の分析は本質的には、同時代社会の格差をもった行動様式を用いて表現されたのであった。彼が堂々と公言した目的は、この貧困が固有な自然的原因によるものではなしに、制度に起因するという非難、これから同時代の社会を擁護することであった。マルサスは、貧困問題の救済に殆ど望みをもっていなかったが(49)、貧困に非難を向ける道徳的政治的問題を彼の学説が解決することに望みを託していたのである。

……これらの真理に通じるようになった社会の下層階級の人々はみな、自らが巻き込まれるかもしれない苦難を一層の忍耐をもって耐える気持になるであろうし、その貧困について政府や社会の上層階級の人々に対して感ずる不満や鬱憤を和らげるであろう……(中略)……ことはいうまでもない。これらの真理の単なる知識は、下層階級の人々の結婚に関する慎み深い習慣にはっきりした変化を生み出すほど十分には働かないとしても、それでもなお政治的な光に照らしてみたときには、彼らの行動

に大いに有益な影響力を及ぼすであろう。(50)

彼以外の古典派の経済学者たちは、マルサスの極端な保守主義を共有するものではなかったが、彼らの体系の本質的な要素としてマルサスの人口理論を擁護した。その動機は何であれ、マルサスの人口理論を経験的な命題として擁護するのは論理の手慰みであった。そして今日でも同様である。人口は生存手段によって制限される、これは自明である。マルサスはこれから、人口が生存手段によって律せられるという命題を導いた。これは経験的な命題である。(51)しかし、食糧が人口よりも実際には速やかに成長するという証拠を突き付けられたとき、彼は成長率の潜在的な格差をもち出して言い逃れの策を講じた。つまり、「人口が実際には食糧より速やかに増加しようと、あるいは食糧が人口より速やかに成長しようと」、それにはかかわりなく、人口は常に食糧供給になんらかの「切迫した」勢いを呈し、いまにも食糧より速やかに成長しようとするものである」と述べたのであった。(52)

シスモンディ、シーニオワ、ホウェートリイはみな、マルサスの「趨勢」という言葉の使い方が抽象的な潜在力と歴史的傾向、あるいは統計的蓋然性とを混用するものであると指摘した。(53)これに対してマルサスは、なんらかの特定な意味に縛りつけられることを拒絶した。マルサスにとっては、「人口が食糧よりも速やかに増加する傾向があるということ」は、「時々実際には逆のことが起こりうることを否定する」ものではないのであった。(54)彼が「言おうとしていたこと」は、仮に「人口の成長を妨害する要因が取り除かれるとすれば、人口は常に食糧よりも速やかに増加する勢いを有し、また増加しがちなものである」ということであった[55]。しかしシスモンディがマルサスへの反論として、マルサスはAの抽象的潜在力とBについての具体的データとを比較していると述べたとき、マルサスはこれを顧ることがなかった。『経済学原理』(一八二〇年)において、マルサスは労働者階級における高所得が、「ふたつの極めて異なった結果」のいずれかをもたらすことを認めた。すなわち、人口の増加と「生存様式の改善」のふたつ[56]、言い換えれば、生存資料が人口よりも速やかに、あるいは人口と同率で成長しうることに同意したのである。このような叙述が、次のような他の叙述と共存し続けた。たとえば、「人口は生存資料と完全に足並みを揃えて増加する傾向をもつ[57]」とか、「人口の実際の平均増加率」は、「食糧の増加と同一の法則に従う[58]」にちがいないといった命題である。こういった命題がなければ、彼は経験的な命題を何も述べていないことになったであろう。

一八四八年、ジョン・スチュアート・ミルの『原理』が出版されるまでには、一定の期間を通じて、生存資料が人口よりも速やかに増大していたことを示す大量のデータと、明々白々な観察事実とが積み上げられていた。このために若干の経済学者はマルサスの理論を拒絶し、あるいは棄却した。ところが、ミルの大著作がこれを支持したことによって、マルサス理論は再び甦り、ミル自身が次のような破壊的な言葉を述べているにもかかわらず、新しい寿命が与えられたのであった。

> 英国における生存資料と雇用とが過去四十年と比べ、より速やかに増大してきたためしはなかった。しかし、一八二一年以降のいかなる調査を見ても、人口の成長率はそれに先立つ時期の率と比べ、減

少を示している。フランスの農業生産物および工業生産物は、累積的な比率で増大しているが、一方、五年ごとに行なわれるどの調査を見ても、人口に対する出生児の比率は低下しているのである[59]。

これでもなお、ミルはマルサスの人口理論を支持することをとどまりはしなかった。ミルの言葉では[60]、人口の「増加力」および「倍化力」、つまり潜在的成長率についての理論としても、また実際の動きについての理論としてもである。ここで実際の動きを描くなかでミルは、「労働階級の生活条件の改善」は繁栄のほんの「一時的な手段」を与えるにすぎず、「労働者人口の増大により速やかに帳消しにされてしまう」と述べている[61]。経験的事実との対決を回避しマルサス流の概念をごまかして通すというやり方に対して、批判者たちの反対があったが、ミルはこれを無視した。この批判は真実の問題を変えることのない、「単なる言葉」の修正だというのである。真実の問題とはつまり、人口が生存手段に対して「極めて」切迫した圧力となり、人口は資本に対して「あまりに」大きな比率を占めるので[62]、生活水準の「十分な」改善ができなかったことを指すのである[63]。

マルサスが最終的な勝利を収めたその勝因は、彼が貧困を「過剰」人口と同一視し、したがって、過剰人口の否定と貧困の否定とが同義語と考えられたことに求められる。そしてこれは、多くの人の目には現在も引き続いて同様なのである。彼は拡大解釈と自明の理とにどっぷりと寄りかかって、ひとつの様式を作った。それが、批判的攻撃を受けた時には不落の避難所となり、またそうでない時には、経験的な事実をもとに攻勢に出る基地としても役立ったのであった。経済学のあらゆる場面において、マルサスは声を大にして経験主義を強調したが、それは経験的に確かめうる仮説に対して、事実に基づく体系だった検証を加えることを意味したのではなかった。彼は自分の人口理論を「争う余地のない」[64]ものとみなし、歴史は人口理論の働く「ありさまを明らかにする」[65]もので、それが経験的に正しいかどうかを裁くものとは考えなかった。『人口論』の第二版に加えられた膨大な経験的資料は、人口原理という「ひとつの偉大な原因の結果を吟味する」[66]ために用いることが意図され、この原理自身を検証するために使われたのではなかったのである。人口の動きがどのようなものであれ、それはマルサスの人口理論に矛盾するものではなかった。「人口増加の自然的傾向はいたるところで極めて大きいため、いかなる国であれ、観察される人口の勢いを説明することは一般に容易であろう」[67]。

新しい時代にはいってマルサスを弁護する人々は、西欧における技術進歩がマルサスの言う結果を「遅らせた」のであって、一方では貧しい国々、あるいは「低開発国」の爆発的人口増加を見れば、マルサスの予測は正しいと論じた。しかし、食糧の供給あるいは農業における潜在的生産費によって人口増加が規制されるというのであれば、より急速な人口増加を見なければならなかったのは、まさに西欧なのである。図2における食糧の供給曲線は、時間を通じてより急な角度で上昇しなければならないであろうし、それに対応して人口もさらに大きくならなければならない。さらに加えて、豊かな国もあれば、貧しい国、所得が中くらいの国もある。そのなかには人口密度が濃密な国もあれば、中くらいな国もあり、また希薄な国もある。こう考えると、なんらかの有意味な概念としての「過剰」人口が、国の貧困と結びついているかどうかは疑問でさえある。人口の減少に伴う生産物の減少が比例的ではないことを(暗黙のうちに)仮定すれば、もとより人口の少ない国が、より高いひとり当たり所得を享受するであろうということは正しい。しかしここで語られているのは、算術の計算ルールであって、なんらかの経験的実態についての話ではない。

生産と分配の法則

ジョン・スチュアート・ミルは、収穫逓減の法則などの生産の法則が、所得分配の法則といかに「峻別」されるかを示そうと試みた。ミルによれば、生産の法則は「物理的真理の特性を分有している」。「そこには、選択的なもの、あるいは恣意的なものはなにもない(68)」。それは、「外界にある事物の構成」と「人間に固有な特性」によって決定されるのである。それと対照的に、生産物の分配は「ひとえに人間制度の問題である(69)」。ものがひとたび生み出されると、「人間は個別的にもあるいは集合的にも、それを好むとおりに処分することができる(70)」。つまり、「誰れであれ、彼らの好むように、またいかなる条件においてもこれを処分せしめる」ことが可能である(71)。これはすべて、「社会の法と慣習」の問題であり、社会の支配階級の人々の「感情と意見」の問題であり、「時代と国が異なれば、いかようにも相違を生じうるのである」。そして、「人間がそれを選ぶのであれば」、さらになお変化することが可能である(72)。

文字どおり受け取ればミルの言葉は、生産は経済学の問題であり、一方分配は社会哲学の問題であると示唆しているのであろう。しかし、一定の期間における産出物の分配の様式が、それに続く期間の投入物の用途、したがって産出物に影響を与えるとき、生産と分配とは互いにそれほど完全に独立とはいいえないであろう。ミルはこのことに十分気がついていた。

ここでわれわれが考えなければならないのは、それに従って富が分配されるルールの原因ではなく、その結果である。少なくともそれは生産の法則と同じように恣意性を欠き、物理法則の特性を備えたものである。人間は自らの行為を制御することはできるが、その行為が自分自身あるいは他人にもたらす帰結を制御することはできない。社会は最適と考えるルールがなんであれ、富の分配をそれに従わせることができる。しかしそのルールの作動からいかなる実際的な結果が流れ出るか、それは他の物理的あるいは精神的真理と同様、観察と推論によって発見されるべきことである。(73)

このようにして、生産の法則と分配の法則との元来の区別は崩れてしまっている。社会が好むとおりに富を分配し、その帰結を享受するのと同じ意味で、社会は好むままに富を生産し、その帰結を享受することができる。本質的には、ミルは一方の領域において他方よりも大きな自由度を想定したわけではないのである。

収穫逓減の法則は、生産に関する偉大な古典的法則であるばかりでなく、機能的分配の基礎となる大きな原理でもあった。その最も明白な役割は、地代の理論において与えられた。しかしそれは無限に弾力的な長期的労働供給の理論と相俟って、賃金したがって残余としての利潤の決定にも与ったのである。労働供給は実質所得について無限に弾力的であるが、収穫逓減の法則により一定の賃金財の費用は時間を通じて上昇し、したがって労働の供給曲線は賃金財の労働費用について増加的となる。時間を通じて賃金および地代の分け前が増加すると、利潤の分け前は減少する。しかも資本の蓄積が増加しつつあることを考え合わせると、これから利潤率の低減が導かれるのである。

価　値

価値理論はある意味において基礎的、あるいはミクロ経済学の他の諸問題に論理的に先行するといってもよいが、古典派の価値理論は、古典派経済学一般の実質と目的とにある程度馴染んだ後の方が理解しやすいのである。

たとえば古典派経済学者たちは、価値理論において効用と需要の役割を強調する、より初期のおよび同時代の大量の経済的文献を無視した。そして、生産費あるいは労働に殆ど排他的な強調を加えたのであった。この姿勢は、古典派が製造業における静学的な不変費用函数を前提とし、それゆえ需要の変化が全く価値に影響を与えないという仮定があって、はじめて理解できるのである。図3を見よ。需要を表わす(D_1、D_2、D_3)の如何にかかわらず、$P_1 = AC$が成り立っている。

ある生産物に対する需要(生産物の効用)は、その生産の費用を償うには不十分であるかもしれない。そうであるとすれば、この特定の生産物は長期においては生産されないであろう。そのような生産されざる生産物は、古典派経済学の射程外にあるものであった。スミスは有効需要の概念を、少なくとも生産費を償うに十分な価格において需要される数量（Q_1、Q_2、Q_3）を意味するものと限定して定義した[74]。したがって効用と需要とは、価値決定の必要条件ではあるが十分条件ではなかった。実際の価値の水準は、「専ら」生産費によって決定されたのである。独占者がたった一単位のものを売るにあたり、価格を最大化する場合にのみ、効用が価格を決定することになるであろう。この場合に問題になっている効用とは、限界効用ではなく、最高の平均効用を意味する。つまり、そもそもこの商品を所有することに対する効用である。この意味において、効用は「価値の極限であるにすぎず[75]」、価値の決定因ではない。

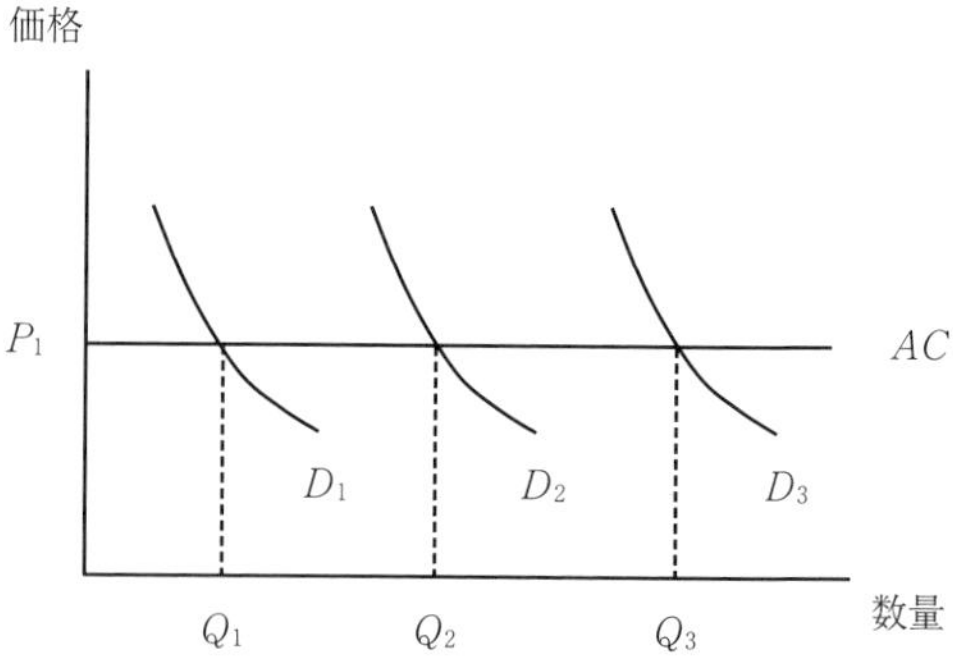

図 3

価値尺度

古典派の価値理論は、特定の市場における価格決定という狭い問題ばかりでなく、より広い問題をも扱うものであった。たとえば、時間を通じての機能的所得分配、集計的産出物の測定、時間を通じての農産物および工業製品の相対価格の変化などである。手短に言えば、古典派の「価値」概念は、個別生産物の価格決定問題を超えて、様々な目的のための生産物の「測定」または評価の問題へと広がっていたのである。そのような目的のひとつが厚生指標を与えるというそれであった。一国の繁栄を金《きん》の蓄積ストックによって測った重商主義者とは異なり、アダム・スミスは一国の繁栄をひとり当たり所得の年々のフローによって測ろうとした(76)。これが、国内の効率的生産および自由な外国貿易によって最大化されるべき対象であった。ひとつの厚生指標として、生産物はそれが支配し得る労働量によって測られるべきものであった。すなわち「財を獲得し、その処分、他の何かと交換することを望んでいる人にとって、あらゆるものが有する真の価値とは、自らが節約し、他の人に課すことのできる労役と骨折りとである(77)」。

一定の時と与えられた技術の下では、「他人の労働」量の指標は「他人の労働生産物」の指標と同一である(78)。ところがスミスはこれを出発点としながらも、これらの言葉が時間の流れを通じて、また技術の変化は考慮に入れずに通用する同義語として、曖昧に使用されることを許した。しかしより根本的なことは、スミスが財の効用なるものを、その消費者たちが財を手に入れるために服す労働の不効用によって測られるものと考えていたことであった。

すべての時と場所において、同量の労働は労働者にとって等しい価値をもつものと言ってよい。健康、強さ、精神の通常の状態において、また技術および手際の普通の程度において、彼は安楽と自由と幸福のある同じ部分を常に犠牲にしなければならない。それとひきかえに、彼が手に入れる財の数量は何であれ、彼が支払う代償は常に同一でなければならない。実際、この代償により、ある時はより多くの財が、またある時はより少ない量が購買される。しかし、変化するのは財の価値であって、財を購買する労働の価値ではない。すべての時と場所において、手に入れることが難しく、あるいはそれを獲得するのに多くの労働を要するものは高価であり、容易に手に入れることができるか、またはごくわずかな労働ですむものは安価である。したがって労働だけがその価値が不変であり、ひとり労働だけがあらゆる商品の価値をあらゆる時と場所において評価・比較する究極にして真実の指標なのである。それは財の真実価格であり、貨幣はその名目的な価格〔を与える指標……訳者〕にすぎない。(79)

これは、価値尺度の定義であって価値の理論ではない。スミスが仮に異なった厚生指標を選んだとしても、『国富論』の本質的な命題には変化はなかったであろう。実際、同じページでもスミスは、「通俗的な意味」における異なった価値尺度を選んだ。そして、本のいたるところで、ふたつの用法の間を行きつ戻りつした。「真実」という言葉で、スミスは時として、相当する支配労働量を意味したし、また時には物的生産量を意味したのである。(80)

同様に、リカードォは「不変の価値尺度」を模索した。他の生産物の生産費が時間を通じて如何に変化するか――リカードォが探し求めた不変の尺度とは、他の生産物との交換のありさまを観察することによって、この問いに直接答えうるような費用構造をもつ生産物を意味するのであった。(81)それはちょうど、あるものの長さや重さを、その他の長さや重さをもつありとあらゆるものを問わず、定規か秤で直接に測ることができるのと同じ意味である。そのような価値尺度によれば、たとえば、農産物は時間を通じて価値（費用）において上昇しつつあり、一方工業製品は下落しつつあることを示すことができよう。ジョン・スチュアート・ミルが考えたように、ある経済学者たちは、「価値尺度という名の下で」「より適切には生産費の尺度と名付けた方が適切な」ものを開発した。[82]リカードォ派の人々についていえば、これは妥当な見方であった。より一般的にいえば、求められているのは、なんであれ政策分野において重要と考えられるものの測定尺度であった。

たとえば、引き続きマクロ経済的な失業問題を重視するなかで、マルサスが用いた価値尺度は「支配労働」のそれであった。[83]マルサスにとって、「一定の特性を備えた一定量の労働に対する支配力は、それを実現しようとする意志と相俟って、一定の需要を表現する」。[84]一定期間の生産物が、それに続く期間において同一生産物を再生産するに十分な労働を支配しえないならば、総需要が不足していると称せられた。財は「その生産に雇用された労働量を再購入しえない価格で売られる」ならば、過剰生産の状態にあるという。[85]

マルクス派の価値を理解するために大問題のひとつとなるのは、価値の理論というよりも、むしろ全面的に価値の尺度の問題であること、これである。マルクスは彼が「価値の定義」[86]、「価値の概念」[87]および「定義された」価値と呼んだものを用いた。[88]しかし彼は、その「概念を証明する」ことをめぐる批判者たちの「ナンセンス」に心の動揺を覚えた。[89]マルクスは、労働時間を如何なる比率で、また如何なる量を割り当てるか、これが経済の肝腎な現象であり、彼の目的のためにはこれで十分と考えていたのであった。[90]

マルサス、リカードゥ、およびミルはみな、いかなる特定の経験的価値尺度も恣意的なものであり、[91]それを正当化するためには結局、論理だけによるのではなく、その有用性によらねばならないことを認めていた。この点は、マルクスが価値概念を正当化――証明ではなく――するときにも、暗黙のうちに想定されていたのであった。最良の価値尺度をめぐって、リカードゥとマルサスの間に長い論争が引き起こされざるを得なかったのもこのためであった。というのも、ふたりの一般的な体系が異なった問題に対して向けられていたからである。つまりリカードゥは時間を通じての機能的所得分配の変化とその含意（たとえば定常状態）を辿ろうとしたし、一方マルサスは、集計的産出量と雇用の短期的動向に関心を寄せていたのであった。

古典派経済学者たちは、不変の価値尺度の概念なるものが、それを完全に体現する経験的具体物をもつものでないことは認めていた。サミュエル・ベイリーはこれを超えて、不変の価値尺度などというものを概念的にも経験的にも得ることは不可能であると主張した。ベイリーの『価値の本質、尺度および原因に関する批判的論考』（一八二五年）においては、価値の本質が完全に相対的なものであり、したがって、「普遍的な変動の只中にあって、不変な価値の標準」などというものを口にするのは「矛盾」であると繰り返し論じられている。[92]他のすべての財の価値が変化しているときに、いかなる財にせよ、その価値が一定にとどまるなどとは考えることさえできないからである。ベイリーの理解するところでは、価値「尺度」の名の下でリカードゥ派の人々が求めていたのは、実際には、「なんであれ価値の変化が最初に起こったのはどの商品であるかを決定することであった」[93]。しかしベイリーにとってこれは、いかなる意味においても重さを測定するのと類似の価値尺度ではなかった。ベイリーの本のタイトルの第三部分、すなわち価値の原因は価値の理論を扱うもので、彼は古典派価値論の他のふたつの側面からこれを切り離した最初の人であった。通常この三つは混同されていたのである。

価値の理論

古典派経済学者たちが最良の価値尺度についてはどんなに意見が食い違ったとしても、彼らは価値の理論についてはは本質的に一体であった。古典派経済学者たちが専ら関心を寄せていたような財、つまり不変費用で生産され、競争的に販売される商品の価値は、生産費によって決定される。逓増的費用のもとで生産される商品は、限界費用において販売される。(94) 非競争的な市場において販売される商品、および供給が固定的な商品は、供給と需要の定める価格において販売される。(95) サミュエル・ベイリーは、この点についての彼の同時代人間のうわべの相違は、いずれも言葉の使い方における相違にすぎないと指摘した。(96) ジョン・スチュアート・ミルもまた、「リカードォこのかた」(97)、この問題についてのすべての経済学者の本質的な理論は右の如くであると述べた。

ある意味において供給と需要は、なんらかの特定の価値の決定因がそれを通じて作用する一般的なメカニズムであった。それは、効用理論であれ生産費説であれ、他の価格決定理論であれ、そのいずれとも整合的である。リカードォはマルサスに宛てて次のように書いている。「貴下は供給と需要が価値を律するとおっしゃいます。——しかし私の考えでは、これでは何の意味もないのです」[98]。なぜなら、それはいかなる理論とも等しく整合的だからである。しかし他の意味では、供給と需要による価格決定の意味するものは、実際に働いている特定な原理などこれ以外に何も存在しないということであろう。そもそも、一般理論によって要請される如き競争市場など、実際にはどこにも存在しないし、価格はなんであれ、市場がその時々の事情において作り出すものにすぎない。この意味において、J・S・ミルは供給・需要の原理および生産費の原理を相互に排他的な、そして双方を合わせると全体が尽くされるようなものとして描き[99]、「生産費が有効に働かない場合において」[100]は供給と需要とが価格を決定するということができたのである。もっともミルは他の箇処では、供給・需要をあらゆる個々の価値の決定因が、それを通じて具体的な結果を生み出す包括的現象として描いてもいる。「需要または供給のいずれかに影響を与えると考えられる場合は別であるが、それ以外のものはすべて価値に対して何の影響ももたないのである」[101]。

手短に言えば、リカードォ派の経済学のみるところでは、供給と需要とは原因結果の観点からは中立的なメカニズムで、それを通じて他の変数が価値を決定するのであった。それはちょうど、中立的貨幣と似ている。供給と需要が独立的に価値を決定するのは、市場構造が非競争的であったり、あるいは供給量が固定的であることによって、他の決定因（生産費、効用）が価値決定に有効な力を与えない場合に限る。

リカードォやジョン・スチュアート・ミルによって用いられた「供給」と「需要」という言葉は、専ら供給量および需要量についていっていているのである[102]。リカードォはマルサスに宛てて次のように書いている。

私は需要という言葉にわれわれが同じ意味を与えているのかどうか時々疑わしくなります。穀物価格が騰貴する時、貴下ならばおそらくその原因をより大きな需要に帰されるでしょう。私ならば、それをより強い競争と呼びたいと思います。消費量が減少した場合、需要が増加したとは言えないと思います。もっとも、より大きな量ではなく、より少ない量を購買するために、はるかに多くの貨幣が必要となる場合もあるのですが。一八一三年および一八一四年の英国におけるポートワインの需要量が何程であったかと尋ね、その答えが第一の年には五〇〇〇樽を輸入し、翌年には四五〇〇樽を輸入したというのが、その答えであったとしましょう。すると、需要は一八一三年においてより大きかったと誰れもが言うのではないでしょうか。しかし、四五〇〇樽を購入するために二倍の量の貨幣が支払われたということも起こり得るのです[103]。

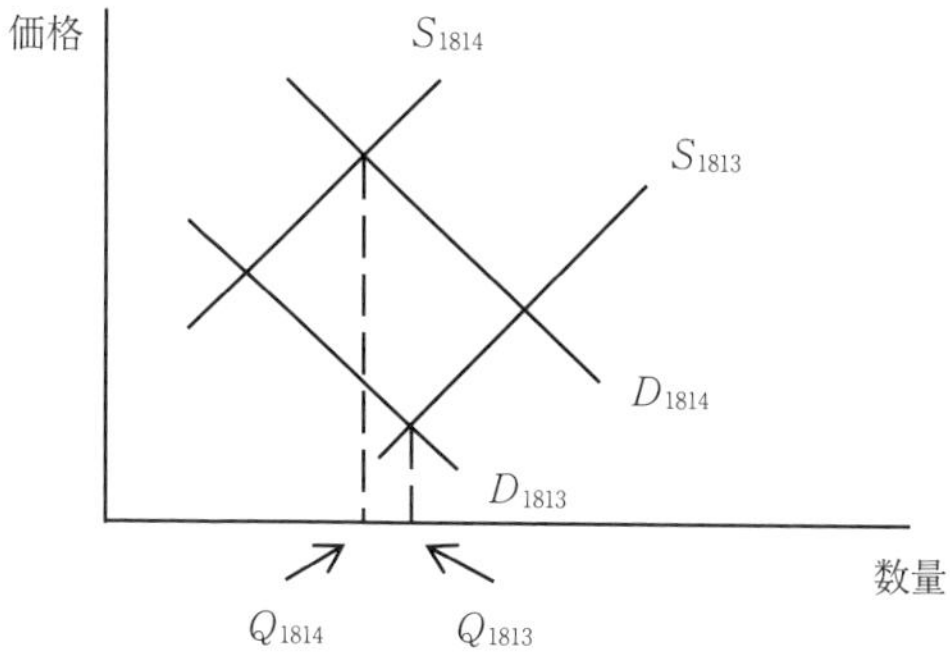

図 4

リカードォならば、一八一三年から一八一四年にかけて需要が減少したと言うであろうが、マルサスならば、現代の経済学と同様、需要は増大したと言うであろう(図4)。定義そのものは「正しい」とも言えず「誤り」とも言えない。しかし、相容れない定義のためにこの同時代人たちの相互理解が困難となり、また異なった概念に馴染んだ後代の読者が古典派の需要に関する命題を理解し難くなっているのである。これと対照的に、マルサスは供給と需要とをグラフの関係概念として表現した最初の経済学者であった。彼は、需要の「広がり」(量)を需要の「強度」(需要曲線の高さ)から区別した。「……需要および消費の広がりが極めて大きくなるのは、殆どいつでも価格が極めて低いときなのであるから、需要が価格を騰貴させるというのは単に消費の広がりの意味ではない」[104]。需要の「強度」とは、「需要者たちがその欲望を満足させるために、提供することが可能であり、かつその意図をもつ犠牲」のことと定義された。「供給と相まって価格・価値を決定するものはこの意味での需要に限るのである」[105]。このような言葉でいい表わすと、需要の増大ということの意味が明らかになった。

さて、幾人かの需要者の側において、その欲望を満たすために以前よりもより大きな犠牲を提供しようとするこの意図、これが私がより大きな需要強度と呼んだものなのである。たとえば、商品がある数の購買者たちにこの意味での需要を喚起する性質を具えたものでないならば、価格の騰貴は起こりえない。またたとえば、需要と供給とが価格を決定するというとき、いつでもそこで意味されているのはこの類の需要にちがいないのである[106]。

サミュエル・ベイリーはマルサスの理論を、現代的な表現ではるかにはっきりと述べた。たとえば、「実際に受け取った数量に対して、より多くを与えようとする意図、あるいは同じ率において、より多くを購買しようとする意図」[107]という表現、これは需要曲線の外側への変位を表わしているのである。同様にマルサスは、供給の方も生産費を意味する「供給条件」[108][109]という言葉で、グラフ的な関係としてこれを捉えていた。またマルサスは、伝統的な古典派の生産費価値学説を供給・需要理論の特殊ケースに過ぎないものと考えており、さらにより一般的な理論は短期価格（「市場」価格）にも長期価格（「自然」価格）にも適用可能であるし、独占化された商品にも、また競争的に生産される商品にも、同じように適用可能と考えていたのであった。[110]

経済学の他の分野と同様、リカードゥ体系の殻を突き破って現われた価値理論の発展は、一八四八年におけるミルの『原理』の出現と、その後数十年にわたって続いたその優位によって行く手を阻まれ、抹殺されたのであった。他の人々の考え方をリカードゥ的な意味で解釈し――たとえば、供給と需要という言葉は供給量と需要量とを意味するというように――そして、その言葉で彼らの矛盾をつくというお馴染みのやりくちで抹殺が行なわれた。[111]ジェヴォンズが「権威の有害なる影響」と呼んだ力が極めて強く、リカードゥ学派に理解されない考え方は葬り去られたのである。[112]ミルは若気の至りで「価値に関するマルサスの重要でない反駁」[113]について非難し、また後年、より有名な次のような発言を残した。「幸いなことに価値法則には、現在あるいは将来の著者が明らかにすべく残された問題は何もない。この分野の理論は完全である」[114]。ミルのこのような発言に照らしてみると、価値の問題に関する彼の精神の閉鎖性は明らかなのであった。

要約と結論

古典学派のミクロ経済学における主要な本質的特徴は、収穫逓減の法則をめぐって展開している。リカードゥ派の地代理論は明らかにこれに依拠していた。実際、収穫逓減の法則があれば、劣等地の概念に依存することなく地代の発生を説明することができたし、また劣等地への依存そのものが、優等地において既に収穫逓減が生じていることの証左であったからである。マルサスの人口成長は、追加的な人口によって表わされる労働投入の増分が、それに応じて産出物の増加の伸びを伴わない場合にはじめて、生活水準の維持という問題を提起したのであった。一般的利潤率も同様に、農業部門における逓増的限界費用によって決定され、それが製造業部門における主要投入物（労働）の主要費用（食糧）を騰貴せしめる。全分析体系の基礎をなすものは、静学的な収穫逓減法則であった。しかし一方、この体系は歴史的な収穫逓減法則に依拠していたのであって、そのために労働コストは引き上げられ、地主の収得する地代も引き上げられ、利潤率は下落し、そして経済は「定常状態」に向けて突き動かされるのである。この意味において、収穫逓減の法則は古典派が専ら関心を寄せた長期的成長問題の一部を成すものなのであった。

古典派の価値理論は、その実質において掛け値なしの生産費説であった。製造業部門において、競争的に生産される商品の価値は「特定の一意的な」（不変の）生産費に等しく、また農業部門においては逓増する生産費に等しいと考えられた。地代は生産費の一部ではないので、生産費は資本と労働の費用とに還元された。資本は「元来」、ある歴史的な意味において、あるいは「究極には」ある分析的な意味においても、労働に起源をもつものと考えられたので、費用と価値は本質的には労働に還元されることになるのである。「労働価値説」によって惹き起こされたすべての論争についていえば、それは古典派の価値理論にとってさして重要なものではなかった。労働価値説がなければ、なにか本質的な結論が狂ってくるであろうといわれたことさえ殆どないのである。リカードォは労働価値説に修正を加え、その磨き上げられた一覧表を見れば、彼が資本や時間等が価格決定過程において果たす役割を理解していたことは極めて明白である。[115] マカロック、ジェイムズ・ミルといった弟子筋の人々は、論争の渦中で労働の究極的な役割を強調することにおいてリカードォ以上にリカードォ的であった。しかしリカードォ自身は、彼らが時々行き過ぎを犯すことに対して渋い顔をした。[116] マルクスは『資本論』第二巻では、さまざまな資本構造の相違によって必要とされる労働価値説の広範な修正に全巻をあげて取り組み、そのうえで第三巻では最終的に回れ右をして価格決定の古典派的生産費説に向かったのであった。

本質的な価値理論に加えて、古典派経済学は多様な目的に応じて多くの価値「尺度」を生み出した。その目的とは、時間を通じての費用の変化を扱うこと（リカードォ）であったり、循環的な失業の分析（マルサス）であったり、さまざまである。価値「尺度」の全概念、とりわけ不変の価値尺度という概念の妥当性については、サミュエル・ベイリーのそれのように批判を加えることは可能である。だが一方、価値尺度のある概念がひとたび受け入れられると、その選ばれた特定の尺度に対しては、ひとり便宜上の理由だけは別として、妥当性を根拠に否定的な見解が示されることはあり得なかったのである。

供給と需要はグラフで表現される関係としてでなく数量として把握され、「効用」は限界効用としてではなく平均を意味するものと考えられた。したがって、これらの概念が具えている潜在力が古典学派の伝統の真っ只中で失われてしまったのであった。初期の段階でこのような考え方を説く人はあたかも誰もいなかったかのように、それは後日再発見され発展させられなければならなかったのである。

第四章 方法論

方法論をめぐる独立した明示的議論についてみると、古典派経済学自体は他と比べて殆ど語るべきものをもっていない。方法論の大半はのちになってジョン・スチュアート・ミルの著作の中に現われることとなった。しかし、初期の古典学派の著作物の中には方法論的な態度表明が散在しているのであって、とりわけリカードォのマルサスとの論争、および貨幣政策に関する『ボサンケットへの解答』において、それを見ることができる。さらに、古典派経済学の方法論は明示的なものではなかったけれども――とくにリカードォ学派については然り――多くの批判的文献を呼び起こすことになった。『国富論』は方法の問題について説くところは皆無であった。しかしこのアダム・スミスさえ、のちにリカードォ派を批判した人々が過去を顧みて繰り返しその名を挙げた、方法論上の大立者となったのであった。

古典学派の時代に議論の対象となった方法論上の問題は、のちに新古典派および現代の経済学者を煽り立てた問題によく似ている。古典学派の方法論をめぐる論争点としては、次のような項目が含まれる。(一)抽象対「現実」、(二)さまざまな因果の概念、(三)数学の役割、(四)経済学は「科学」であるという主張、(五)古典派経済学の実際面の重要性、などである。しかし、これらの話題を分析する前に、古典学派の方法論についてその歴史的展開に簡潔な考察を施しておくのが有益であろう。

アダム・スミスの方法論は折衷的であった。経験的・理論的・制度論的・哲学的、それに静学的・動学的方法など、すべてが混然としていた。彼の下す定義は、時には同じページの中でも意味合いを変えた。[1]彼の古典的著作の展開過程において、「価値」[2]、「地代」[3]、「実質」[4]といった言葉に異なった意味が与えられ、その間の行きつ戻りつが繰り返されたのであった。スミスの古典学派の後継者たち、[5]およびさらにのちの学者たちによって、[6]『国富論』の多くの曖昧な点が指摘されたにもかかわらず、スミスは何らかの特定のひとつながりの推論を辿っている間は、十分に首尾一貫して論理の誤りを犯さず、落とし穴をやすやすと回避して大事に至らなかった。

リカードォとともに、経済学は抽象的なモデル、厳格で人工的な定義、三段論法的推論、——そしてその結果を政策にそのまま適用するといった方向に大きな一歩を踏み出したのであった。歴史的、制度論的および経験的方法は後景に引っ込んで影が薄くなり、はっきりした社会哲学は、ほんの行きずりの注意書きくらいに縮小してしまったのであった。通常はそうと明言するわけではないとしても、比較静学が優越的な方法となった。リカードォは次のように宣言している。「私はこれらの即時的で一時的な効果を全くわきへ置いて、その結果として生じてくる物事の恒久的な状態にすべての注意を固定したのである」[7]。リカードォばかりでなく、彼の弟子筋の人々もまた学説の普及者たちも、比較静学の考え方で推論を進め、他の人々の理論に対するときも、そっくりそのまま比較静学の言葉で解釈するようになった。

リカードゥの方法は、無批判のままにとどまることはできなかった。多くの批判があちこちの方向から浴びせられ、その過程において経済学方法論上の基本的でしかも容易に決着のつかない問題が提起されたのである。

科　学

経済学をしてより「科学的」たらしめようとするリカードゥ派の試みは、反対と侮蔑との双方に遭遇した。リチャード・ジョーンズは、経済学は「計画的な実験」が殆ど行ないえない分野であると反対論を述べ、(8)「際立った一般性を備えた未熟な説明を軽々しく求める姿勢」から、「あまりに拙速に全体系を作ろうとすることに非難を加えた。(9)原理の本来の真実性は歴史的設定の中に求められる。しかし「一般的原理をわれ先にと追い求める」人々は、この設定を全く欠いているという意味で、「あけてみれば往々にしてなんの一般性もない(10)」原理をつかんで終わるのである。ジョーンズの関心は、「制度(11)」であれ「歴史であれ統計(12)」であれ、「現実世界のあるがままのもの(13)」に向けられていたので、彼は「象牙の塔の哲学者(14)」あるいはその「推理に知識の代役を果たさせようとする児戯に類する努力(15)」など全く無用の長物と考えていたのであった。ジョーンズの遺稿管理者であるウィリアム・ヒューウェルはジョーンズを支持し、地代に関するジョーンズの歴史的・制度論的分析をリカードゥのそれと比較して次のように述べた。

それでもなお、その反対者によって非常に明確に意見が述べられているのであるから、ジョーンズ氏の結論と彼の思考法に対して、リカードォ氏の賞賛者たちがその当時述べた若干の意見について注意しておくことが許されるであろう。「(彼らは次のように答えている)。リカードォ氏は言葉の通常の世俗的な意味において地代の起源と成り行きを律する法則について説明を与えようとしているのではない。リカードォ氏がその起源と成り行きとについて研究に着手していた地代は、通常地代と呼ばれているものと同じものではないのであって、同氏はジョーンズ氏や他の誰れとも同様、これを十分に弁《わきま》えていた。彼はどの国においても、事実上の地代の額を実際に決定する状況について調べようと言っているのではなかったのである」。

これに対しては、次のように言えば十分な答えとなるであろう。つまり、ジョーンズ氏の反対論は「言葉の通常の世俗的な意味における」地代を律する法則について考察しようというのである。彼は「通常地代と呼ばれているもの」の経緯と帰結とを確かめようとしていた。そして読者はどちらの研究テーマが眼鏡にかなうか、自分で決めなければならない立場にあるといえよう。すなわち、あらゆる国において実際に支払われる地代なのか、あるいはどんな国でも実際に支払われることのないリカードォの意味での地代なのか、そのどちらかを決めなければならないのである。

……この土地保有者たちは、実際の地代を受け取る人と同一視されるようリカードォ氏は意図し、またそのすべての読者はそのように理解したのではなかったであろうか。それともこれは「言葉の通常の世俗的な意味における」土地保有者とは異なった人々なのであろうか。これらリカードォ氏の弟子筋の人々は、同氏の誤りを回避し、地主の利益と公共の利益を同一視する姿勢を強めて、これを自分の手柄としたが、このとき、彼らのいう地主とは一体誰れなのであろうか。また地主の利益とは一体何なのであろうか。彼は「通常地代と呼ばれているもの」の受領者なのか、それともその利益が「どの国においても支払われることのない」地代の増加に依存している想像上の人格なのであろうか。手短に言えば、彼は教区の地主なのかそれとも定義による作り物なのであろうか(16)。

多くの批判者たちは、ジョーンズやヒューウェルの水準には達しなかったが、個別の論点では同様の立場に拠る多くの人がいた。マルサスは「未熟な一般化への傾向(17)」を批判し、「最も公平な理論と最も美しい分類は、事実と経験とによって見いだされる真理の神殿に額ずかなければならない」と言った(18)。シスモンディは「現実の世界と全くかけ離れた、仮想的な世界(19)」に住むものとしてリカードゥを批判した。またリカードゥが「完全な均衡が常に維持されている(20)」と仮定し、「ドイツの形而上学者と同様、時間や空間を捨象してしまう(21)」ことも批判の標的になった。J-B・セイは究極においてリカードゥ派の「研究方法」、「空虚な繊細さ(22)」、および「抽象的原理(23)」に対して反対の立場をとり、「三段論法よりも、あくまでも事実とその帰結とに依拠するのが良策である(24)」と述べたのであった。

経済学が科学であるという主張の妥当性は、科学を選り分ける特徴を如何に考えるかに依存している。あるものにとっては、科学は分析方法の厳密、厳格であることによって特徴づけられ、他の人にとっては、科学は結果の確実性によって識別されるのであった。批判者たちが経済学を語るときに、「科学」という言葉を緩い意味で使おうとする場合でさえ、彼らは「経済の科学が数学よりも道徳科学および政治科学により近い類似性を帯びている」[25]ことを強調した。数学と自然科学は、経済学との比較の対象として繰り返し引き合いに出された[26]。古典学派の時代には、経済学では数学の利用を避けようとする傾向が一般的であったが、それは「算術上の計算」がなんらかの確実性を以て行ない難いという信念に基づくものであった[27]。数学の利用は数字的な予測を引き出すためでなく、概念の明確化に役立つものだというはっきりした考え方はまだ現われていなかったのである。クールノーは、数学的分析法は「単に数字を計算するためだけでなく」、「関係」を見出すために用いられると指摘した[28]。しかし、彼の先駆的な著作の他の箇所と同様、この見識は古典派経済学に何の影響も与えなかったのである。ところが一方リカードォは、経済学の経験的不確実性をめぐるマルサスの見解を相手どって、これは分析的な粗雑さに対する言い訳であると考えた。「マルサスはこう言っている。経済学は数学のような厳密科学ではない、と。したがって、機に応じて言葉に全く異なった意味を与えるという曖昧な方法で言葉を使うことが許されると考えたのである。これほどいかにも馬鹿げたもののいいが他にあるであろうか[29]」。

「科学的」経済学とは、高度の確実性を備えた一群の経験的命題を意味するという考え方が、時にはリカードォ派の人々の威勢のよい口ぶりから引き出されたことがあったかもしれない。たとえば、経済学のある結論は「引力の法則と同じように確実である[30]」とか、「疑いの余地なく確立された[31]」とか、「完全に決定的[32]」であるとか、「反駁の余地もない[33]」とかの言葉遣いやら、「数学的証明のあらゆる確実さ[34]」を備えているといった表現がそれである。また、確実性の問題は、とりわけセイの法則のような経験的命題を擁護するときに用いられた同義反復の論法によって時には補強が施されることもあった。この時代のより注目すべき予言のひとつは、ロバート・トーレンズのそれである。「経済学についていえば、論争の時代は過ぎ去りつつあり、すべての人の意見がひとしなみになる時代が急速に近づきつつある。これから二十年後、根本的原理のいずれについても疑いをさしはさむ余地は殆どなくなっていることであろう[35]」。

分析方法としての経済学の科学性が強調されるようになってきたが、それを、経済学の経験的結果が自然科学において見られる確実性の度合に近づくであろうという信念と取り違える事態は起こりうることで、その取り違えが生じる経緯は理解できる。リカードォの伝統を批判する者も擁護する者も、このふたつの考え方をしばしば取り違えた。しかし、冷静な議論が行なわれるときには、リカードォ派の人々は次のふたつの違いを明確に理解していたのであった。すなわち、(一)例外もあり、状況によってそのままでは成り立たないことを認めつつも、一般的原理を体系的に発達させること、(二)先験的《ア・プリオリ》仮定から具体的予測を引き出すということ、このふたつの違いである。リカードォはマルサスに宛てて次のように書いている。「いくつかの点についてのわれわれの相違は、私が意図した以上に、貴台が私の本を実践的なものとお考えになったことによるのではないかと思います。私の目的は原理を明らかにすることであり、このために、その原理の作動を示すような厳密な状況設定を想定したのでした[36]」。

のちにリカードォは、マルサスについて次のようにも書いている「……マルサス氏は貴台の原理に答えることなく、貴台が議論の間口を極めて広くとっていること、そしてそれが如何なる状況の下においても存在しえないことを示そうと望んでおり、それがマルサス氏に対する私の不満のひとつなのです。マルサス氏は左様に言われますが、問口をいかに限定したとしても、同じ原理がそこに現われるのでありまして、その点こそが答えられねばならないことなのでございます(37)」。

一般的原理あるいは「理論」によって前進するときの困難がなんであれ、リカードォはこれを不可避のものと考えた。あくまでも「事実」や「経験」に拠って立つことを自認するいわゆる実際人の場合にさえ、それが不可避であることは同じである。「事実がすべてで理論は何の役にも立たないと考える人々は、……(中略)……事実を選り分けることさえできず」、「なんでも信じる」無自覚なる理論家にとどまるものであるとリカードォは非難した(38)。ジョン・スチュアート・ミルも同じように考えた。「理論を拒絶する人々にせよ、理論なくしては一歩も進むことはできない(39)」。唯一の実質的な問題は、理論化が明示的かつ体系的になされるべきか、それとも暗黙のうちに、しかも無反省なやり方で行なわれるべきであるかという点にあった。ホウェートリイもまた、経験的あるいは「実践的」と自称する人は「無意識のうちに誤った理論を作りがちなものである」と論じた(40)。彼は次のように述べている。

人間は無意識のうちに理論を作るように拵えられている。つまり人の意図を俟たずに、事実はある分類のもとに彼の精神の中に自《おのず》ら配列されるものである。このように彼が掻き集めた素材はやがて、おそらくは何らかの誤った体系に、いわば自《おのず》ら組み上げられてしまうであろう。だが一方そうなる前に、人はその精神の中で進行しつつあるこの過程に気づかないのである(41)。

「論理的な過程における厳密性の代わりとして、事実の集積に信用をおく」ことはできない[42]。時代を同じくするリカードォ的形態での古典派経済学を相手どって批判を加えた人々の中にも、事実を以て理論と置き換えうると主張した人は殆どいなかった[43]。理論的原理と経験的研究を結合した模範として、多くの人がアダム・スミスを引き合いに出した。確かに生存費賃金仮説に関するスミスの体系的な検証[44]は、用語の厳密な意味に則ってこの問題へ迫るリカードォのアプローチ[45]と比べても、またマルサスがその人口理論を例証（検証ではなく）するために用いた当《あ》所《ど》なき事実列挙式の議論[46]と比べても、対照をなすものである。シスモンディは次のように述べたが、これを見るにつけても、リカードォ的方法に対する同時代の批判者の中では、彼がおそらくは代表的な人物であったと考えてよいであろう。

> すべての作用をただひとつの最も簡単な公式に還元し、すべてのルールを一般化し、より複雑な手続きを避けるためにひとしなみの方法によってできることをすべてやろうとするのは、人間精神の自然な性癖である。すべてを単純化し、すべてを分類し、すべてを一般化する傾向を持つ性癖は、さまざまな科学の進歩を推し進める最も本質的な動因であることは疑いがない。しかし、無反省な方法でそれに身を委ねる必要はないのである[47]。

それは単にリカードォおよびリカードォ派の人々が抽象的なモデルを構築したことをいうのではなく[48]、彼らが極めて限定的なモデルから得られた結論を複雑な現実世界に直接適用したことをいうのである。

J・B・セイは「時折リカードゥ氏が過大な一般性を付与した抽象的原理に基づいて推論を進めることがあるとの指摘、これは同氏に対する十分な根拠を具えた反対論になる」と考えていた[49]。

リカードゥ派の人々は「一般性をもたない」「一般的原理」[50]を導き出したというリチャード・ジョーンズの批判は、一般的推論あるいは抽象的推論とは何を意味するのか、またそれに何を期待しうるのかという問題の核心を射抜くものであった。経験的普遍性が期待されているのでないことは確かである[51]。求められているものは広い範囲の類似の状況に共通する分析的原理であって、たとえその原理がなんらかの特定の状況においては決定的でないとしても然りである[52]。抽象的原理を実際に応用する際に必要な、制度に関する補足的要因は、初期のリカードゥ派の人々によっては、しばしば無視された。しかしながら、リカードゥ派の原理の一般性は、それによって損なわれるものではなかった。収穫逓減、リカードゥ流の地代論、それと関連する資源配分の原理などは、リカードゥの時代の英国とは制度的にはるかに異なった経済においても妥当性をもつ。さらに、リカードゥの体系的な演繹的分析方法は、時間的にも空間的にもはるかに広汎な適応力を有する。リカードゥ派の経済学は制度的な側面を無視し、また狭い土俵の上に立つものであって、その点が「一過的な素材を用いて恒久的な建造物を構築[53]」しようとしているという批判に根拠を与えるのであるが、しかし右に述べた分析方法の一般性から、ジョン・スチュアート・ミルが次のように言うことにも一理を認めなければならない。「リカードゥ派の結論の多くはごく狭い範囲でのみ真理であるに過ぎないが、その研究方法は普遍的に適用可能である[54]」。

分析的一般性対経験的一般性の問題は、経済原理が抽象的前提の上に基礎づけられるべきか、それとも事実上の前提の上に基礎づけられるべきかという、さらに基礎的な問題の一部を成すものであった。抽象的演繹的方法を拒絶する人々は、彼らが経験主義を好む理由として現実世界の複雑さをしばしば指摘した。しかし、ジョン・スチュアート・ミルはこの二分法は誤っていると考えた。「理論家」も経験的あるいは「実際的」な人々も、いずれも与えられた前提からスタートし、体系的な推論を用いるものであり、そしていずれもそれらの前提を現実世界の何物かから引き出しているのである。そこで唯一の有意味な問題は、最初の前提が現実から引き出される特定の方法である。[訳注1]

> ……どちらの種類の研究者たちも理論化以外の何事もしていないし、経験のほかには頼るべき導きの糸は何も持っていないのである。しかし、ここに彼らの間の相違点があり、最も重要な違いがこれなのである。すなわち実際的と呼ばれる人たちは特定の経験を必要とし、特定の事実から一般的な結論へと全体的に上向きの議論をする。一方、理論家と呼ばれる人たちは、より広い経験の場を包摂することを目指し、まず特定の事実から現在議論の対象となっている範囲を越えて、はるかに広い領域を含む一般的原理へと上向きに議論し、その上で今度は一般的原理から多様な特定の結論を獲得すべく下向きに議論するのである。[55]

したがって、帰納的推論と演繹的推論との間の単純な二分法は正しくない。真の差異は、時間的前後関係を原因結果と取り違える危険を冒して、特定の状況から一般的結論に向かう直接的帰納と、次のような三段階プロセスの方法との間にあるのである。三段階のプロセスとは、(一)より広くより一般的な経験からの帰納、(二)特定の状況に適用しうる結論の演繹、そして(三)これらの結論の経験的検証、である。第三の経験的検証を「抜きにしては、すべての結果は……(中略)……推測の価値以上の価値は殆どもたないであろう[56]」。

原因の多重性と管理された実験の不可能性——これは抽象的演繹的方法に対する批判者が通常あげつらう特徴である。まさにそれがゆえに、特殊な状況の事実から直接的帰納を通じてなんらかの社会現象の原因を見つけ出すことに、ミルは殆ど希望をもっていなかった[57]。演繹と検証のプロセスの出発点となりうる良好な作業仮説は、多様な状況の下における類似の要素を幅広く展望することによってはじめて提示されるように思われた。だがそのうえで、広範囲な個々の状況のなかに、ただひとつの共通の要素を見出すこと、つまり抽象化が科学の基礎を成すものであった。世界の複雑性、抽象的な原理と最も具体的な現象との間にひろがる乖離——、まさにこのゆえにこそ体系的分析的方法、つまり科学が必要とされるのである。これをカール・マルクスがヘーゲル的な表現でこう述べている——「もし仮に物事の外観、形式および本性が全く同一であるとするならば、あらゆる科学は無用の長物であろう[58]」。

……俗流経済学者は、彼が物事の外見が異なって見えると誇らしく主張するとき、大きな発見をしたと考えているのである。これは内的関連の暴露とは全く異なるものである。実際、俗流経済学者はあくまでも外観に固守することを誇りとし、それを最も重要な事柄と取り違えているのである。これで

一体、何が科学なのであろうか。(59)

ミルと同様、マルクスもまた「あるがままの状況の現実的具体的な側面」からの直接的な推理は「結局誤った」方法であると論じた。(60)現実から出発して「次第により単純な観念に達し」、究極的には「最も単純な概念に辿り着く」、そして「統合的全体の混沌とした概念ではなく、概念と関係の豊かな総体としての」結論を引き出す「帰り道をスタートする」ことは可能である。しかし、「総体の混沌とした概念」を直接に扱うことなど、一切不可能である。(61)

マルクスはリカードォが「あまりに抽象的」であったという主張を退け、その「正反対の批判が正しい」と主張した数少ない経済学者のひとりであった。すなわち抽象化には、携わっている分析の水準にふさわしい度合があって、リカードォは一貫した姿勢で適切な度合に自己限定しなかったというのである。マルクスは同じ批判をアダム・スミスに対しても投げかけた。(62)マルクス経済学に関する解釈文献における困難の小さからぬ部分は、『資本論』でマルクスが用いた逐次近似法に由来する。つまり、第一巻においてはまず抽象的「本質」から始まり、第二巻においては資本の回転の複雑さが導入され、そして最後に第三巻では通常の観察者の目に映じ、(63)経済学の「俗流概念の出発点として役立つ」経験的顕在化あるいは「現象形態」に「一歩一歩」接近してゆくという方法がこれである。(64)

抽象化と演繹とが必要なものであることを前提としたとき、抽象的な前提はいかにして定式化されるべきであろうか。ミルは現実との関わりのない仮定は「全く取るに足らぬ」ものであると論じた。仮定が現実と異なるのは「部分が全体と異なるのと同じ意味に過ぎない」[65]。「実際の事実が仮説からずれる」とその度合に応じて、実際の結果と予想された結果との間には必ず「それに応じた乖離」が生ずる[66]。見たところ、ミルはいま述べた命題自体が公理的真理ではなく、経験的に検証可能な仮説であることを認めなかった。しかし実は、「ほんのわずか」非現実的な仮定から、ある場合は致命的な結果が生ずる場合もあるし、また他の場合には「極めて」非現実的な仮定が結果として著しく役に立つ場合もあり得るのである。

因果関係

分析の方法は陰に陽に、因果関連についてのある種の仮定、および如何なる種類の現象が説明されるべきであるかについての、ある種の先入観に依存している。因果関係とはAがBの原因であり、BはCの原因であるといった連鎖的継起として考えることもできるし、また(ワルラスの一般均衡におけるように)同時的相互決定としてとらえることもできる。あるいはまた、いくつかの方向へ向かう「力」の合成としても見ることができ、その正味の結果は個別的な要素のどれとも殆ど類似性をもたない場合もある。説明したいと考える対象は、既存の状態が如何にして起こったかという問題から、状況の変化を最もよく説明する要素は何かという問題に至るまでいろいろであるし、また説明に期待される程度も一般的指導原理から特定の予測に至るまで幅をもちうるのである。

古典派の時代においては、正統派の経済学者も異端の経済学者も、因果関係を同時均衡とは区別される連鎖的継起の意味で考える傾向があった。ただし、シスモンディだけはこれを期間分析の形で定式化したし[67]、リカードゥ派の人々は通常、プロセスの「前」と「後」とを比較静学の見方で考量することに一致していた。リカードゥの「不変の価値尺度」があれば、交換比率の変化の源泉がつきとめられたはずであった[68]。貨幣が、問題になっている現象の不可欠な部分と認められている場合に、貨幣的な変化が実質変数の変化の「源泉」でも「主因」でもなく[69]、「実質変化が通貨の供給ではなしに商品の供給に発している[70]」ことをもし示しうるならば、マルサスにしても、この現象の原因としての貨幣の役割を否定しえたであろう。

マルクスの「弁証法的」アプローチは相互作用を強調したが、これはいわば連鎖的因果と同時決定との中間点ともいえる方法であった。エンゲルスは、「原因と結果は恒久的にそのところを変え、ここで結果であったものがかしこでは原因となり、その逆もまた成り立つといった普遍的な作用反作用」について説き及んだ[71]。原因と結果を分けて考える方法は、マルクス的観点からは、「弁証法」を欠き、「相互作用」の理解もなく、また「ヘーゲルなどなき」かのように推論する人々が陥る「虚ろな抽象化」なのであった[72]。たとえば、マルクスの歴史理論においては、経済的条件に発する一方通行の因果関係は存在しない。むしろそこにあるのは経済的な力と他の力との相互作用であった。そして現状の説明のために重要かそうでないかはともかく、変化を説明する要因としては、経済的な力の方がその他の力よりも優勢であると考えられたのである[73]。

古典派経済学の方法論を理解するためには、変化の説明と現状の説明との間の区別は非常に重要である。

もっとも、この区別は古典派経済学者自身（ここではマルクスを含む）によっては明らかにされていなかった。複数の因果関係がある場合に、既存の状況、関係、あるいは大きさがなぜこのような状態にあるか、これを最もよく説明する変数は、同じ状況、関係、あるいは大きさの変化を最もよく説明する要因と必ずしも同一とは限らない。リカードゥの地代理論は、地代支払いの既存の不均等を殆ど説明することはできないが、しかし時間を通じての地代支払いの高騰下落については十分にこれを説明することができるのであった。完全に原子論的な社会でもなく、生物学的血族関係と全く無縁ななりゆきで群れ集まった人々の作る社会でもない、家族なるものがなぜ存在するのかという問題については、マルクスの歴史理論の視点に立つ経済学は殆ど説明力を欠いている。しかし世紀を超えて、なぜ家族があのような形で変化を遂げてきたのか、その理由については十分に説明することができるのである。

労働投入が価値に対して与える効果をめぐるリカードゥの議論は、実際は労働投入の変化が価値の変化に与える効果をめぐる議論なのである。資本・労働比率とか就業上の賃金構造といった修正要因は、価値がなぜこの水準に定まっているかを説明するには重要な意味をもつ。しかし、これはリカードゥによって一掃されてしまった。その根拠は次のようである。就業上の賃金構造は「世代を超えて殆ど同一であり続ける[74]」というリカードゥの仮定に基づけば、それは価値の「変化[75]」については殆ど意味をもたない。また一方、「固定資本の耐久性の度合[76]」は価格の「変化[77]」にある影響はもつものの、「商品（価格……訳者）の変化に対するこの原因は、効果において比較的軽微である[78]」――これがリカードゥの言い分であった。リカードゥは、「商品の価値における変化の原因[79]」を推定しているのである。ある学者の数えたところによると、リカードォは『原理』の最初の章において、この言葉を二百回も繰り返したそうである。[80] 古典派の時代において、リカードォの偉大な批判者であったサミュエル・ベイリーは、リカードォがとりわけ「不変の価値尺度」の議論において実際に行なったことは、労働投入の変化を尺度として価値の変化[81]を説明することであった点に繰り返し注意を払った。これは、古典学派の一般的関心事――つまり食糧一単位あたりの労働投入は上昇しなければならないという歴史的収穫逓減の条件下における長期的成長への関心と轡《くつわ》を揃えたものであった。

同様に、マルクスの『資本論』も、資本家と労働者に振り分けられる生産物の相対的分け前の時間を通じての変化[82]と、その変化の社会的経済的含意を辿ろうとする試みである。つまりこれは、静学的な価格決定の問題ではなく、資本主義の「運動法則」[83]を吟味しようとするものである。『資本論』第三巻における分析体系を完成したのちに、マルクスはこう述べることができた。「商品の価値がそれに含まれる労働によって決定される」となおも言いうるとすれば、それは「曖昧な、内容のない意味」においてに過ぎないというのである。[84] これを読んで、第一巻と第三巻との間でマルクスの考え方が変わったと考えられることが時々あるが、そうではない。実際マルクスは、価値の価格への「転形問題」を、『資本論』第一巻の刊行に先立つ五年前に書かれた一通の手紙の中で仕上げていたのである。[85] いや、『資本論』第一巻自体の中でも、価値と価格が同一であることをマルクスは否定しており、[86] それより二十年も前に価値と価格の一致が生ずるのは稀有なこととして取り扱っていたのであった。[87] やがて『資本論』の最終巻において、マルクスは再び同じ議論を繰り返すことになるのである。[88]

古典派経済学に対する「制度学派」的な批判の多くは、理論は「物事をあるがまま」に説明しなければならないと論じた。この言葉は、マルサス、リチャード・ジョーンズ、またさらに後のヴェブレンや現代の制度派経済学者によって繰り返された。[89] 現代の理論家は、理論の実際的な用途は、現状の説明ではなく、変化の説明であると論じてきた。[90] そして理論の妥当性あるいはその欠如は、理論がこの使命を如何に成功裡に果たすかによって判定しなければならないというのである。この点では、それはマルクスの歴史理論と軌を一にしている。[91] 一方、ジョン・スチュアート・ミルは存在する状態の説明と変化の説明とを区別することができなかった。[92] これに区別を与えるとすれば、既存の現状は過ぎ去ったすべての過去の総和、つまり積分として考えることができ、変化は現時点におけるその導函数としてとらえることができよう。そして、この方程式の中には重要なしかし一定不変の要素として、「人間本性」が含まれているのである。

因果性をめぐる古典派の取り扱いにおいて用いられるいささか捉えがたい概念のひとつに、「傾向」というそれがある。ジョン・スチュアート・ミルは一定の「方向」へ向けて「一定の強さで働く力」として傾向の概念を特徴づけたが、[93] これはおそらく、その意味するところを極めて巧みに表現したものといえるであろう。科学的に確立した傾向には「例外」は存在しない。[94] ただあるのは、他の方向へ向けて作用する他の傾向だけである。それらすべてが統合され、その結果として生ずる事象の観察可能な径路が定まるのである。[95] しかし、「傾向」という概念は時にはこのような意味をもつ一方、事象の観察可能な径路についての経験的一般化を意味する場合もあった。ホウェートリイは古典派経済学を悩ませてきたこの言葉の「正体の見極められない曖昧さ」を指摘し、次のように述べた。

ある一定の結果へ向けての「傾向」という言葉は、「もしその働きが妨げられないならば、これこれの結果を生み出す原因が存在すること」を意味する場合がある。この意味においては、中心をめぐって運動する地球あるいはいかなる他の天体も、接線方向へ飛び去る傾向をもっているということが許されるのであって、それは正しいことである。つまり、その方向に遠心力が働いており、しかしそれは求心力によって制御されているのである。あるいはまた、人間はまっすぐ立ち上がるよりもより強く平伏する傾向をもっている。すなわち、重力の引き付ける力と重心の位置とによって、筋力が自発的に行使されない場合には、ほんのわずかな風のひと吹きで人間がひっくり返されてしまうほどなのである。さらにまた、人口は生存資料を超えて増大する傾向がある。すなわち人間の中には、もし抑制されないのであれば、この結果へと導く性向が存在するのである。

しかしまた時には、「ある結果に向かう傾向」とは、「その結果が実際に起こると期待されうる物事の状態の存在」を意味するものと理解されることもある。……(中略)……だがこの後者の意味では、地球は軌道から飛び去ってしまうよりむしろ、その軌道にとどまるより大きな傾向をもつことになるし、人間は平伏するよりも、まっすぐに立ち上がる強い傾向をもつといえる。そして、社会の進歩の中では生存資料は人口よりも大きな率で増大する傾向をもっている(この点はどの国の歴史においても、文明化された時代と未開な時代とを比べることによって証明することができるであろう)[96]。

ナッソー・シーニオワとT・R・マルサスとの間で、マルサスの人口論をめぐって取り交わされた往復書簡の中には、笑うべきか悲しむべきか、傾向という概念にまつわる曖昧さが露呈している。シーニオワは洗練された礼儀正しさと遠回しな表現で、彼とマルサスとは「問題の事実」については意見が「一致」しており、その違いは「殆ど全く言葉の上のもの」であると言った[97]。人口は生存資料に圧迫を加えつつ成長し、それはその逆よりも「一層起こりうる」事象である――シーニオワはマルサスの意図を当初このように理解したことについて誤りを犯したと告白している[98]。だがこう考えてしまうと、時間を通じた生活標準の向上を示しながらマルサス自身が述べていた事実と、「つじつまが合わなくなるであろう」というのである[99]。マルサスの返信には、「傾向」という言葉のもつふたつの意味を弁別しようとする試みは何も含まれていない。この「傾向」という言葉および古典派の方法論一般について最も鋭い論客であったジョン・スチュアート・ミルでさえ、彼の『原理』の中でマルサスの人口論を擁護し、批判者たちの「単なる言葉の上の」修正は問題の本質に影響を与えないと述べたとき、再び曖昧さの中へ逆戻りしてしまったのであった。ここで問題の本質というのは、生存資料に対して人口が「あまりに」大きな比率をもっていることを指しているのだが[100]、これは経験的にも分析的にも意味のない言明であった。

マルクスのふたつの主要な議論にも、傾向の概念が含まれている。実際、弁証法的アプローチの総体は内部的衝突を強調しており、それが衝突を生み出す実態に強く作用して基本的転換を遂げしめるのである。マルクスとエンゲルスの書物には、自然界における変態との類似が数多く含まれている[101]。プロレタリアートの深まりゆく悲惨は、分析的・歴史的双方の意味で、粗生産物のうちに占める労働者の分け前が減少する傾向として考えられた。しかしながら、これを実質所得の絶対的減少を意味するものと解釈する学者が引用する文章を見ると、そこでは傾向という概念が明らかに分析的意味においてのみ用いられ、しかもすぐ続いて賃金の上昇へ向けての逆の傾向を説く言明が記されている。[102] マルクスの利潤率の低落傾向は、明らかに分析的な傾向である。というのも、それに続いてすぐ、一章すべてをあげて逆の傾向が述べられているからである。[103] ここでマルクスにとって肝腎な点は明らかに、経済的結果そのものに関わるよりはむしろ、階級闘争を生み出す圧力を示すことにあり、政治的領域に溢れこぼれた議論なのである。

リカードォおよびリカードォ派の人々はしばしば、生存費賃金であれ、最低利潤であれ、定常的な資本・人口であれ、リカードォ体系における長期的な傾向が、事実において一般的に存在する条件であるかのように推論した。この点についてマルサスは、リカードォと絶え間のない論争を繰り広げ、実際の事象を見ればこれらの傾向が「他の原因によって相殺され」[104]、「百年もの間……（中略）……絶え間なく抑止されて」[105]きており、一般的に「異常な」条件の下では経験的例外が生み出されてきたことがわかると抗議したのであった。[106] ウィリアム・ヒューウェルもまた同様に、実在の条件を指し示すものとみなされているリカードォ流の傾向の考え方を非難した。

……自然界に関する数学的な思索家が重要な命題として、あらゆるものは重力によって決定される形態をとる傾向がある、こう教えを垂れたとすれば、つまり丘陵は平原と化し、瀑布は岩礁を嚙んで消滅し、川は谷底に湖と化し、氷河は大滝となって崩れ落ちる傾向があるというのであれば……

それが如何に奇妙な考えであるか――ヒューウェルはこう論じた。そして――

> この問いに対する答えは次のようであろう。これらの傾向は、同じ強さの逆方向の傾向によって相殺され、かくして地表の形成にあたってはごくわずかな役割しか果たしていないのである。岩の結合力、氷の持久力、山岳の元来の構造など、これらは重力の作用と同じように実際に存在する事実である。そして、地表が平板化する傾向にあるという学説は、自然地理学においてわずかな価値と限られた用途しかもちえないであろう[107]。

またリカードォ派の方法に関する反対論は、結果の使い道に結びついているものであり、リカードォ体系があるがままの状態を説明すると考えられているのか、それとも変化の動学なのか、それに依存しているのである。ある要素を勝手に傾向という名で呼び、また他の要素を「攪乱因子」と呼ぶのは、もしリカードォ派が前者を後者よりも通常なものとみなす習慣に陥っていなかったならば、殆ど実質的な意味をもたなかったであろう。そしてリカードォ派の人々が、彼らが説明しようとしているのはあるがままの状態ではなく、むしろ変化なのだということを、つまり山岳や瀑布がなぜそこにあるか、ではなく、なぜそれらが崩壊していくのかを説明することだと明示していたならば、地勢学との類似によるヒューウェルの反論は意味を失ったであろう。

傾向、逆の傾向、および合力といった言葉の古典派的な使い方には、社会科学における因果関係は、化学ではなく物理学の様式を踏襲するという考え方が、暗黙のうちに含まれている。この前提を明示したのは、ジョン・スチュアート・ミルただひとりである。社会科学は「より複雑な物理科学の……（中略）……範型に従って[108]」構築されねばならない。物理学においては、「合成的な力」は、「……それらがひとつひとつ逐次的に作用した場合と、それらが同時的に作用した場合とでは同じ効果を有する[109]」。力の平行四辺形は、最初の力がまず作用し、第二の力がそれに続いて作用しても、あるいはまた同じふたつの力が同時的に作用しても、物体は同一の点に移って止まることを示しているのである。それと対照的に化学においては、反応の相互作用が働き、その結果は各要素の単純な和ではない。水はその構成要素である水素とも酸素とも「異なった特性」をもっているし[110]、砂糖の味は「その構成要素の味の和ではない[111]」、等々。これが物理学は演繹科学であり、化学は実験科学であるといわれる理由である。「社会における人間は、個別的人間の本性に関する法則から引き出され、またそれに解消されうる特性以外のものは何も具えていない[112]」。ここでは、たとえば諸委員会から始まって暴徒に至るまでの、集団行動の特性については無視されているのである。

社会的な因果関係が、化学よりは物理学の範型を踏襲しているという前提を認めるとすれば、逐次近似による分析が可能になる。出発点として用いられる最も単純な前提から始まって、必要に応じて一時には一段階ずつ逐次的な複雑化が加えられる。そして最終的な結論に到達するのであるが、その結果は手がつけられないほど複雑な「現実的」モデルを用いて複合的、同時的な行動が分析された場合と同一なものとなるであろう[113]。「これらすべての結果を組み合せ、個別的結果から……(中略)……これらすべての原因がいっぺんに作用した場合の結果がどうなるかを取りまとめる[114]」ことができるのである。

ミルは、個別的人間の本性が分析家の出発点なのであるから、彼自身の内面における精神的実験から多くの洞察を引き出すことができるであろうと考えた[115]。一方、シーニオワは経歴の異なる他の人が如何に行動するかを正確に写しとるためには、この精神的実験は役に立ちそうもないと指摘した[116]。シーニオワによれば、「知的および道徳的優位者が下層階級の人々、子供、狂人、未開人を意に服せしめんとしてもいつも失敗するのはこのためである[117]」。リチャード・ジョーンズも極めて似た理由で精神的実験を排除した[118]。

リカードォ派の人々は彼らが用いた三段論法的方法のために、「幾何学的」な推論をするものとしばしば非難されたが、ジョン・スチュアート・ミルは社会科学における推論のモデルとして幾何学を明確に拒絶した。この理由は第一に、幾何学は「共存する事実についての学問であり、逐次的な現象の法則からは全く独立[119]」で、継起的な因果関係とは整合的でないと考えられたからである。第二に、「衝突する力、また打ち消し合ったり相互に変容を加える諸原因のように、力学やその応用の中でごく頻繁に起こる問題に対して、幾何学はそれを容れる余地がないからである[120]」。ひとつの幾何学の原則は他の原則に影響することはない。たとえば円の諸性質は、それに内接する正方形が存在するかどうか、あるいはそれに接する接線がいろいろあるかどうか、あるいはまたそれと重なる多くの他の円が存在するかどうかによって、全く影響を受けない。ところが力学は、幾何学と同様に演繹的な学問ではあるが、複数の力や趨勢がつぎつぎに生起し、相互に変容を加えるありさまを考える余地を許すのである。

定　義

マルサスの『経済学における諸定義』(一八二七)は、古典学派の時代において専ら定義の問題に主題を絞った唯一の著作であるが、彼の同時代の多くの人が同じ問題について扱ってはいる。たとえばホウェートリイは、「専門用語の明確な定義」が経済学における「最も重要」にして「最も困難」な点であるとはっきり述べてさえいる。彼は、事実の欠落や事実の表現のまずさではなく、「言葉の曖昧さ」あるいは「推論のまずさ」が「より普通に起こる誤謬の源泉」であると考えた。[121] サミュエル・ベイリーは、「用語および命題の絶えざる分析」と「知的操作についての集中的な自覚」を伴わない場合には、「極めて強力な推理力といえども粗雑な誤りに対する十分な安全弁とはならない」と述べた。[122]「言葉のカメレオンのような性質」[123]、「言葉の使用における不正確と不注意」[124]、「学者的通語にすぐに頼ろうとする姿勢」[125]――つまり一般的な言葉の上の不注意が「経済学における困難の過半の原因なのである」[126]。マルサスは同じ言葉を異なった著者が異なった意味で用いることを中心にこの問題を考えたが、[127] 一方ベイリーは、この問題は同じ言葉を同じ著者が異なった時に異なった意味で用いる事に起因すると考えた。[128]

元来、言葉というものは重要なものではない。しかしそれゆえにこそ、真の物事についての衒《てら》った大げさなもの言いを防ぐために細心の注意が必要となるのである。人々は「彼らの意見の食い違いはただ言葉の意味についてに過ぎないのに、物事の本性についての難しい研究に従事しているように考えるのを好むものである」[129]。ベイリーの『経済学におけるある言葉上の論争に関する考察』(一八二一)の最後のページでは、次のように述べられている。「これまで述べてきた拙論はおそらく単なる言葉の上の議論として軽侮を以て拒絶されるであろう。確かにその通りなのである。その通りであることをはっきり言っておこう。言葉の上の問題をそうと言わずに、物事の真の姿を問うのでなくそのかわりに、そうしているように見せかける議論、拙論の目的としてこういう論じ方を防止しなければならないのである」[130]。明確な定義と言葉に対する慎重な注意を必要と考える人はこの点を非常に強く強調するのであるが、一方言葉の上の厳密さにそのような重要性を置かぬばかりか、基本的な考え方として厳密な定義を下すことに面と向って反対する人もいる。このような人の中で最たるものはリチャード・ジョーンズである。「私は地代について正確な定義を与えなかった点で非難されてきた。しかし定義を省略したことは、たまたまそうしたのではない。何らかの主題の本性、つまり目の前に存在する状況の本性の研究を、定義を以て始めるにせよ、否、締め括るにしても、それは課題に如何に取り組むべきかについて、われわれの弁えるところが如何に乏しいか、つまり自らの内面にある帰納的精神が如何に乏しいかを示すことになるのである」[131]。

同様にシスモンディは後年の著作において、厳密な定義を与えることをあえて拒んだ[132]。彼の初期の著作『商業の富』(一八〇三)においては、彼は用語に数学的な定義を施しただけでなく[133]、用語集を作って同じ言葉のいくつかに数学的でない普通の言葉で定義を与えもした[134]。それは定義についての特別な配慮であって、当時の経済学者の間では極めて異例のことといってよい。のちの著作で彼の姿勢が正反対に変わったのは、セイの法則をめぐる苦々しい論争を通じて、リカードォ派の人々に対して感じた反発のためであることは殆ど確かなところである。ジェイムズ・ミル、ロバート・トーレンズおよびジョン・スチュアート・ミルは、たとえばセイの法則を事後的な恒等関係と理解するような方法で、用語に単純な定義を施そうとした[135]。セイ自身もまたある種の類似の方法を採った[136]。それについてはベイリーが「セイ氏が彼の学説と呼んだもののの大半は、こうした気取った語り口からできあがっている[137]」と言い放ったほどであった。

古典派時代の経済学者の間には相互の言葉の使い方について広く不満があったし、定義が途中で変わってしまったり、同義反復に陥ることに対しての不満もあったけれども、一方でこの問題を如何にすべきかについて一般的な合意があったわけではないのである。マルサスは、通常の日常的な言葉が経済学で用いられる場合、それは通常の日常的な意味において用いられるべきであると考えた[138]。しかしホウェートリイは、大きな混乱と誤りを生み出す元凶はまさに、「慣れ親しんだ用語[139]」であると論じた。その理由はまず、(一)その言葉が複数の異なった意味を有する場合にさえ、慣れのために定義の必要が理解されないからである[140]。しかも(二)特定の分野における用途のために特定の定義が与えられた場合にさえ、その言葉を普通の通俗的な意味に使用することにより、「無頓着に曖昧さの中へと滑り込んでしまう」危険が常にひそんでいるからである[141]。

ベイリーは言葉の正確さに強い関心をもっていたけれども、専門用語をここかしこに使うことには反対した。専門用語を通俗な用法から借用する場合には、古い意味合いがいつでもそれに付きまとい、混乱を招く[142]。新しい言葉を用いればそれで済むものでもない。専門用語の「唯一の用途」は、その言葉を使わずに同じ考え方を表現しようとすれば、長々しい言葉の連鎖を要し、この過程の中に分析的なつながりが見失われてしまう場合に限る[143]。ベイリーは専門用語が普通このように使われているとは考えなかった。専門用語が当初もつ簡明さは、近い視野で見た場合には利点があるが、それに続いて誤解に基づく不必要で長々しい論争が起こるものとみなされたのである。彼は専門用語を使う場面で、「平明でない一語に代えて、平明な四つか五つの言葉をあちこちに配置することによって」当該用語の定義を取り換えることができると考えた[144]。彼はこう言っている。「われわれは付け加えられた言葉に付き合うには十分な時間をもっている。しかしこうして『簡潔』を求めるあまりに生じてしまう論争や謎解きに付き合うだけの十分な時間はもちあわせていないのである[145]」。ベイリーは経済学における専門的な言葉づかいの多くは、より権威のある学問の空虚な模倣の結果だと考えていた。

数多くの学術用語と形式的な定義を並べ立てることによって、数学的厳密さに類似した雰囲気が醸し出されると考えられている。しかし、数学的厳密さの本質は、定義を必要とする多くの専門用語を用いることにあるのではなく、必要なときに明確な定義をもたない言葉は存在せず、その定義が常に銘記されているところに求められるのである[146]。

要約と結論

古典学派の時代には、経済学は一般に科学的な核、すなわち体系的な分析方法と、それに加えて内的に整合性をもつ仮説的真理（セイの法則の本質的諸要素）や経験的に検証された原理の蓄積（古典的貨幣理論）といった科学の特徴を具えたものと考えられていた。しかし多くの個々の経済原理は管理された実験に服したものでなかったし、またそれはできることでもなかったので、結論の確かさについて自然科学のもつ精度を欠いているのだと広く理解されていたのである。この事実から引き出される帰結には、際立った相違が存在した。ある思想の学派は、科学的確実性を達成することをできないことを理由に、科学的な概念上の正確さと科学的分析方法を放棄し、「経験」あるいは常識的な観察になお一層依拠すべきであるとみなした。ところがリカードォ派の人々にとっては逆に、現実世界の複雑さと不確実性とは、説明上の仮説を導く源泉として直接「経験」[147]に依拠しない、まさにその理由となっていたのである[訳注2]。また、所与の現象を特殊ケースとして含むより広い経験を、原理の抽象化と結論の演繹の基礎として用い、そのうえで特定の現象の事実に照らして結論を経験的に検証すること、これもありうる途であった[148]。他の誰れよりもより明確かつ徹底的に古典学派の方法論の範型を示し、それを磨き上げたジョン・スチュアート・ミルは、検証の段階において決して経験主義に弓引くものではなかった。実際、彼は統計理論の応用を体系的に分析した最初の経済学者であった[149]。

J・S・ミルはリカードォ派の方法論に最も優れた明確な説明を与えたが、しかしまたリカードォ派の致命的な弱点をもはっきりと示した。そしてまた、セイの法則、マルサスの人口理論および古典派の価値理論を擁護することにおいて、この弱点が例証されたのであった。彼は次のように述べている。

正当な理由を以てそれを否定する場合は別として、自分自身の仮説の虜になってしまうことが人間精神の殆ど抗しえぬ性癖である。そして、ある恣意的な条件の下で推理し、感じ、そして考察することにひとたび慣れてしまうと、ついにはこれらの恣意的な条件を自然の法則と取り違えてしまうことも、人間精神の逆いえないところである。ある物事を考えるときにいつでも、決して他のありさまではなく、ひとつの特定のありさままで存在するものとしてそれを心に思い描く習慣をつけてみよう。するとしまいにはそのたたずまいが自然にして唯一可能なありさまであると考えたり、あるいは考えているかのように感じたりすることが身についてしまう。田舎の人が動くものは地球で、静止しているのは太陽であると考えているときに、頭の切り替えができないと感ずるであろう。……(中略)……われわれは仮説のなんらかの変更に観念連合を適応せしめるとき、同種の難しさを感ずるのである。非常に強力な推理力も遅鈍な想像力と結び合わされたときには、極めて貧困な知的隷属、すなわち単なる偶発的な思考習慣への従属という隷属を回避するための防御にはならないのである。(150)

リカードゥ派の経済学は、その制度的な基盤つまり、同時代の英国における経済と社会という観点からは狭隘なものであるが、そればかりでなくその理論的目的という観点からもやはり狭隘なものであった。リカードゥ体系は、ある特定の条件下で仮説的に正しい、抽象的一般的原理を作るために構築された。ところが、その条件が実際に特定化されると、そこからは、穀物法、救貧法等をめぐる同時代の論争と嚙みあった、意図的な結果が生み出されたのであった。シュムペーターが「リカードゥ派の悪弊」という名で呼んだのはこの慣行であった。もっとも、「この卓越した経済学者が犯した罪と完全に同じだけの罪を、多くの凡庸な経済学者も犯してきたし、いまも犯しているのである」[151]。シュムペーターは次のように述べている。

……リカードォは基本的なものとかあるいは幅広い一般化といったことに主たる関心をもつ人ではなかった。……(中略)……彼の関心は、直接的かつ実践的意味をもつ明快な結果にあったのである。これを得るために彼は一般的体系を片々に刻み、それをできる限り大きな部分に括ってそれを冷蔵庫に放り込む――つまりできる限り多くのものを凍結し、「動かなく」なるように冷蔵庫に放り込むのである。そして彼は、単純化の前提にもうひとつの前提を積み重ね、これらの前提によって全くすべてのものを片付けてしまう。すると彼の手に残るものは、わずかな集計的変数に過ぎない。これらの前提を与えられたものとするとき、この変数の間に単純な一方通行的関係が作り上げられる。そして最終的に、望ましい結果が殆ど同義反復的に現われるのである。例えば、リカードォの有名な理論として、利潤は小麦の価格に「依存する」という命題がある。彼の用いた暗黙の前提の下において、またこの命題の用語がその中で理解されるべき特定の意味において、この命題はただ真理であるだけでなく、否定することのできない真理、実際、自明な真理なのである。利潤は他の何物にも依存することはあり得ない。なぜなら他のすべてが「動かない」ように、すなわち凍結されているからである。それは論破されえない卓越した理論で、欠けるものは何もない。ただしセンス以外は[152]。

リカードォ派の人々は、傷口を繕うようにその抽象的原理だけでなく、鍵となる経験的前提および経済過程を見る特別の方法をも擁護しようとした。ここで経験的前提としては例えば、歴史的収穫逓減、伸縮的賃金率が含まれ、また経済過程の見方としては比較静学を考えればよい。アダム・スミスの緩やかな折衷主義から、リカードォおよびリカードォ派の体系的厳密さへと古典派経済学の方法論は進んだが、それには代償を伴わないわけではなかった。この代償とは次のようなものである。(一)意図的なモデル。このモデルは「特殊な場合に基礎を置き、それは著者の考えとその表現の中で、あやふやな一般性を帯びるものとなる」[153]。(二)異なった方法を必要とする問題の無視。例えば、動学的問題がそれである。(三)おそらく最も深刻な代償は、セイの法則や賃金基金説のような、実質的に深い意味をもつ命題を同義反復的な形に展開してしまうこと。

現代経済学の基本的な方法論上の問題の多くは、古典派の時代に取り上げられ、また深められていった。もっとも当時それに最終的な解決が与えられなかったことは今日と同じである。古典派経済学に対する批判は、のちに歴史派、「制度派」、およびその他の現代経済理論における急進分子たちから聞こえてくるのと同じ多くの議論を声高に論じていた。しかしながら後《のち》の批判にはより多くの場面で、経済学は社会的に保守的弁護的で、抽象的な方法は「真の」問題を回避あるいは隠蔽する手段であるとの批判が含まれていた。ときにはこの論旨は分析的命題(方法論的命題を含む)は社会哲学あるいは政治哲学の函数であるという、より一般的な理論に結び付けられてきた。最も強力な「制度学派」的批判――ホブソン、ヴェブレンからガルブレイスおよび現代の「急進的政治経済学者たち」の批判は、多くの伝統的経済学方法論の擁護者たちと比べれば甚だしく左翼に位置しており、これを見ると先に述べた結びつきは「経験」から明らかにされているように思われるかもしれない。しかしながら、このこと自体が特定の経験からの帰納的推論と、より広い経験からの抽象による演繹的推論との違いを示す事例になっているのである。より広い経験なるもののうちに古典派の抽象的、演繹的推論への批判が含まれるとすれば、そのような批判はその方法論上の論敵よりもはるかに保守的であったことは明白である。カール・マルクス以上に抽象的、演繹的推論を強く擁護した人はいなかったのではないか。全体として古典派方法論の批判者も支持者も広い政治的スペクトルにわたって分布しており、それは後《のち》の経験からの一般化が正しくないことを示しているのである。現代においてさえ、このような一般化に対する例外は数多く見いだされる。最も顕著な例として、マルクス主義者オスカー・ランゲと「保守主義者」ミルトン・フリードマンの方法論上の立場がよく似ていることを思い浮かべてみるのがよい[154]。広い歴史的経験から判断すれば、政治哲学と経済学方法論との間にはいかなる必然的関係もなく、また事実上の関係も殆どないのである。

訳者あとがき

カリフォルニア大学バークレー校の南側にのびるテレグラフ通りをまっすぐに、賑やかな人通りが絶えるあたりにコディズという書店があった。各分野の専門書から流行小説まで、品揃えの目利きがゆき届き、私もバークレー滞在のたびに、週に一度は足を運んで随分いろいろな本を買った。

ある日、店の経済学の書棚に数冊並んだ赤い表紙の小冊子に目をひかれ、すこし立ち読みをしたあとで買い求めた。一五〇ページほどの小冊であるから、さっと通読するのにさして日数はかからなかったが、知らないこと、気づかなかったことを数多く教えられた。数日後、再びコディズへ立ち寄った折には、棚に残っていた数冊を全部買って、短期間帰国した際に、読書好きの友人たちへの土産にした。この本を繙《ひもと》くたびに、当時のバークレーの町並や、コディズの店の落ち着いたたたずまいが懐しく記憶に甦る。

この本は一九七四年に上梓されたのであるが、やがて二十年あまりの歳月を経たのち、新たな長い序文が付せられ、赤いペーパーバックの装丁で再刊された。私がコディズで出会ったのは、刊行後間もないこの新版であった。

いま読者が手にとって下さっている本書はその邦訳である。原著のタイトルを正確に記しておこう。

Thomas Sowell, *Classical Economics Reconsidered*, (Princeton University Press, Princeton) 1974.

Fifth paperback printing, with a new preface, 1994.

原著者、スタンフォード大学フーヴァー研究所のゾーウェル教授は、経済学史・社会思想史の専門家として令名が高い。とりわけ代表作『セイの法則』(一九七二年)は、この分野の学史研究には不可欠の、既に評価の定まった書物である。残念ながら私は未だ同教授の謦咳に接する機会に恵まれていない。

いわゆる英国の古典学派と称せられる集団に属するメンバーは誰れだれであろうか。驚くべきことに、この問いに答えることは容易でない。たとえば小泉信三博士は、個々の思想・学説の相違を十分承知しながら、次のような立場が「大体において」古典学派の人々に共通する特徴であると言った。すなわち、(一)アダム・スミスへの恭敬、(二)マルサス人口論の是認、(三)リカードォの価値・分配論への依拠、さらに経済運営の基本姿勢としての(四)経済的自由主義である。これが古典学派を貫く立場であり、この学派はスミス、マルサス、リカードォの三人からジョン・スチュアート・ミルに及ぶと考えるのは多くの人が首肯するところであろう(小泉信三『近代経済思想史』昭和二十七年)。

しかし先入観を払ってさらに仔細に見るならば、通常古典学派のメンバーとみなされる主要経済学者たちの見解は、常識的な基礎事項についてさえ、それほど一様とは言えないのである。たとえばリカードォの価値論上の基本的な立場は労働価値説であるが、マルサスはこれを厳しく斥けた。両者の分配論にも微妙な相違がある。さらに言えば、リカードォとミル父子はセイの法則を信じたが、マルサスとシスモンデイ（スイスの代表的経済学者）は完全に反対の陣営に属した。貨幣の中立性をめぐっても、それを認めるリカードゥと否認するソーントン（この時代の金融論の泰斗）との間には著しい見解の乖離があった。こう見ると、古典学派と他との間に明確な分界線を引くことは殆ど不可能と思われる。強引に線を引こうとすれば、古典学派のもつ多様な陰影が、「神話や画一化のヴェイルの背後で」（一ページ）、ともすれば見失われがちなのである。

本書の有する最も顕著な意義は、この時代の経済学における重要な主題を篩《ふるい》にかけて厳選し、そのそれぞれについて経済学者たちが実際には何を語ったのか、これを彼ら自身の言葉によって再現しようと努めたことに尽きる。テクストの精査により学説を比較・分類したデータの蓄積こそが本書の生命である。

率直に言って、筆のはこびが時折生のデータの羅列となり、前後の脈絡が読みとりにくい箇処が散見されることが惜しい。しかしむしろ、本書に提示されたテクスト比較の詳細なデータを素材に、そこから古典派経済学の新たな姿を探り出す作業は、読者の側の力量に委ねられたものと考えたい。かつてコディズの店頭で立ち読みをしながら、なぜかこの小冊に心をひかれたのは、やはりこうした、著者と読者とのキャッチ・ボールに読書の楽しみを予感しえたためであったと思う。

翻訳は私が万年筆を握って原稿用紙を埋めてゆくのではなく、私は原本を手にもって訳文を口述し、それを筆記（といってもコンピュータに入力）してもらうという形で進んだ。私の話し口調があちこちに残っているのはそのためである。折口信夫博士が残された『口訳万葉集』（大正五―六年）という名著がある。これを真似れば、本書は私の『口訳古典派経済学』である。

多少の補足的説明が必要と感じられた箇処には訳注を付して読者の参考に供することとした。

ご多用のなか、校正刷に目を通され、貴重な注意を与えて下さった杉田忠史氏(岩波書店OB)と金子創氏(東京都立大学准教授)、また本書の企画段階から万端のゆき届いたご配慮をいただいた岩波書店の髙橋弘氏に深く感謝の意を表する。そして、私の口述する訳文の入力作業を、細心の注意を払って辛抱づよく完遂してくれた藤田奈津子さんのご苦労にも心からのお礼を申し上げる。

令和五年晩秋　書斎にて

丸山　徹

＊「訳者あとがき」でふれた小泉・折口両博士の作品は今日でも刊行されており容易に購入することができる。
小泉信三『近代経済思想史』(慶應通信、現在慶應義塾大学出版会)昭和六十二年。

折口信夫『口訳万葉集』全三巻(岩波現代文庫)平成二十九年。

索　引*

*本索引は，原書掲載の索引項目を尊重しつつ訳者が補訂したものである．

人名索引

ア 行

カ 行

サ 行

タ 行

ナ 行

事項索引

か 行

さ 行

た 行

注

序

1) David Hume, *Writings on Economics*, ed. by Eugene Rotwein, (University of Wisconsin Press, Madison) 1970.

2) John Rae, *Life of Adam Smith*, (Macmillan & Co., London) 1895, p. 286 に収録されたヒュームの書簡を見よ.

3) Karl Marx, *Theories of Surplus Value: Selections*, trans. by G. A. Bonner and E. Burns, (International Publishers, New York) 1952, pp. 202-203.

4) 同書 p. 320.

5) David Ricardo, *The Works and Correspondence of David Ricardo*, Piero Sraffa ed., (Cambridge University Press, Cambridge) 1957, II, pp. 249-250.

6) 『自由論』が政府からの自由について述べたものではないことは，ミル自身の指摘するところである．それは社会的抑圧からの自由――より特定化していえば知的エリートにとっての社会的抑圧からの自由を論じたものである．知的エリートは，社会のそれ以外の範囲に対するその道徳的優越を行使する権利のみならず，義務をも有するものである．

7) Thomas Sowell, *Say's Law: An Historical Analysis*, (Princeton University Press, Princeton) 1972, Chapter 5.

8) たとえば Thomas Sowell, *Inside American Education*, (The Free Press, New York) 1993, Chapter 7 を見よ.

9) George J. Stigler, "The Influence of Events and Policies on Economic Theory", *Essays in the History of Economics*, (University of Chicago Press, Chicago) 1965, p. 21.

10) この論点は Thomas Sowell, *Say's Law*, pp. 142-154 において改善されている.

第1章

1) Karl Marx, *Critique of Political Economy*, (Charles H. Kerr & Co., Chicago) 1904, p. 56.

2) Karl Marx, *Capital*, (Charles H. Kerr & Co., Chicago) 1906, I, p. 93n.

3) Karl Marx, *Theories of Surplus Value: Selections*, (International Publish-

ers, New York) 1952, p. 202.

4) Thomas Sowell, "Marx's *Capital* after One Hundred Years", *Canadian Journal of Economics and Political Science*, February 1967, pp. 66-67.

5) John Maynard Keynes, *The General Theory of Employment, Interest and Money*, (Harcourt, Brace & Co., New York) 1936, pp. 3n, 4-22.

6) J. R. Hicks, "Mr. Keynes and the 'Classics'", *Econometrica*, April 1937, p. 147.

7) Keynes, *General Theory*, pp. 29, 289, 296.

8) たとえば以下の文献を見よ.

Henry Thornton, *An Enquiry into the Nature and Effects of the Paper Credit of Great Britain*, F. A. v. Hayek ed., (Augustus M. Kelley, New York) 1965, pp. 96-97, 232-233. David Ricardo, *The Works and Correspondence of David Ricardo*, Piero Sraffa ed., (Cambridge University Press, Cambridge) 1951-55, III, p. 90. Alfred Marshall, *Official Papers*, (Macmillan & Co., London) 1926, pp. 267-268. Irving Fisher, *The Purchasing Power of Money*, (Augustus M. Kelley, New York) 1963, pp. 159-160.

9) リカードォ自身がマルサスとウェストに優先権を認めている. Ricardo, *Works*, I. p. 5.

10) この点は Robert L. Heilbroner, *The Worldly Philosophers*, (Simon & Schuster, New York) 1961, p. 42 に指摘されている.

11) Sir James Steuart, *Works*, Vol. I, *An Inquiry into the Principles of Political Economy*, (T. Cadell, London) 1805 (原版の刊行年は 1767), pp. 310-312.

12) 同書 pp. 313-314.

13) 同書 pp. 326-327.

14) Thomas Mun, *England's Treasure by Forraign Trade*. (Augustus M. Kelley, New York) 1965 (原版の刊行年は 1664), p. 21.

15) Steuart, *Works*, I, p. 347. また p. 360 をも見よ.

16) Mun, *England's Treasure*, p. 5.

17) 同書 p. 7.

18) Steuart, *Works*, I, p. 337.

19) Adam Smith, *An Inquiry into the Nature and Causes of the Wealth of Nations*. (Modern Library, New York) 1937, p. 79.

20) John Stuart Mill, "Speech on the British Constitution", *Autobiography*, (Oxford University Press, London) 1949, p. 276.

21） Smith, *Wealth of Nations*, pp. 1x, 321, 419.

22） 同書 p. 238.

23） 同書 p. 415. Ricardo, *Works*, I, pp. 133-134. John Stuart Mill, *Principles of Political Economy*, ed. W. J. Ashley, (Longmans, Green and Co., London) 1909, pp. 580-581. ミル『原理』のこの版は今後「Ashley 版」として引用する．トロント大学出版から刊行された集注版は *Collected Works*, (University of Toronto Press, Toronto) 1965 の第二，三巻に収載され，以後「Toronto 版」と称する．この版においては pp. 592-593. ［リカードォ＝ミルの貿易論は，古典派理論経済学の独創的な成果であり，自由貿易を支える理論的根拠であった．しかし本書では分析・批評の対象になっていないことが不思議である．……訳者］

24） Smith, *Wealth of Nations*, p. 325.

25） 同書 p. 559.

26） 同書 p. 900.

27） 同書 p. 582.

28） J. A. Hobson, *Imperialism*, (University of Michigan Press, Ann Arbor) 1965, p. 51 に引用されたジェイムズ・ミルの言葉.

29） Ricardo, *Works*, I, Chap. XXV.

30） Smith, *Wealth of Nations*, pp. 80-81.

31） 同書 p. 365.

32） 同書 p. 365.

33） Ricardo, *Works*, V, p. 483.

34） Michael St. John Packe, *The Life of John Stuart Mill*, (Macmillan Co., New York) 1959, pp. 423-427 を見よ.

35） J. S. Mill, *Principles*, Ashley 版，p. 251 ; Toronto 版，p. 247.

36） 同書 Ashley 版，p. 253; Toronto 版，p. 249.

37） John E. Cairnes, *The Slave Power*, (Harper & Row, New York) 1969（原版の刊行年は 1862），pp. 55-56.

38） 同書 pp. 62, 180.

39） 同書 pp. 81-83, 143-144, 147-148, 176-177. ［ある主体の経済活動が他の主体のそれに，市場取引を経由せず直接に利益・不利益を与える場合，それを外部効果という．ここでの「外部費用」はその言葉を比喩的に用いたもの．本文 p. 18 には「分業の外部的社会費用」という表現があるが同様．……訳者］

40） 皮肉なことに，重商主義者の分析的なアプローチが，新しい時代の著しく異なる社会哲学をもった集団の理論・政策のなかに復活している．Thomas

Sowell, "Economics and Black People", *Review of Black Political Economy*, Winter-Spring, 1971, pp. 14-16 を参照.

41) Smith, *Wealth of Nations*, p. 128. または pp. 249-250, 402-403, 429, 438, 579 をも見よ.

42) 同書 p. 460.

43) 同書 p. 250.

44) 同書 p. 128.

45) 「経済の異なった枠組みの適否を判定し，また臣下の者たちが私的な利益にひかれて，経世家の計画の実践に協力するよう誘導すべく，彼らの考え方を次第に型にはめてゆくのは経世家の仕事である.」(Steuart, *Works*, I, p. 4).「……有能な経世家に不可能なことはない」(p. 15)，経世家は経済問題に「絶えず目を瞠っている」(p. 73)，それは「ド・コルベール氏の偉大な才能」，「ロー氏の天才」が，彼らに「生まれながらの経世家」たるべき道を指し示しているのをみてもわかる (p. 88).

46) Smith, *Wealth of Nations*, p. 435. また p. 329 も見よ.

47) 上記引用箇処.

48) 同書 pp. 249, 250.

49) 同書 p. 247.

50) 同書 p. 49.

51) J. S. Mill, *Principles*, Ashley 版，p. 818; Toronto 版，pp. 819-820.

52) 同書，Ashley 版，p. 422; Toronto 版，p. 416.

53) 同書，Ashley 版，p. 429; Toronto 版，p. 423.

54) 同書，Ashley 版，p. 231; Toronto 版，p. 228.

55) 同書，Ashley 版，p. 748; Toronto 版，p. 754.

56) Smith, *Wealth of Nations*, p. 14.

57) Adam Smith, *The Theory of Moral Sentiments*, Pt. II, Sec, II, Chap. VI, p. 98.

58) Smith, *The Theory of Moral Sentiments*, pp. 97-98.

59) Smith, *Wealth of Nations*, p. 423.

60) 同書 p. 594.

61) 同書 p. 308.

62) 同書 pp. 247-248, Ricardo, *Works*, I, pp. 83, 125, 335-336, 337.

63) Ricardo, *Works*, I, pp. 27, 35, 110, 115, 118, 132, 159, 205, 214, 215, 226, 289, 296, 323, 333, 404n, 411.［賃金率と利潤率の相反定理はリカードォの強調するところであるが，決して自明な命題ではない．しかし労働価値説が成り立つ設

定の下ではその妥当性を確認することができる．……訳者］

64） J. S. Mill, *Principles*, Ashley 版，p. 208; Toronto 版，p. 207.

65） Jean-Baptiste Say, *A Treatise on Political Economy*, trans. by Clement C. Biddle,（Grigg & Elliot, Philadelphia）1834, p. liii.

66） John Stuart Mill, "Miss Martineau's Summary of Political Economy", *Monthly Repository*, May 1834, pp. 318–322.

67） Karl Marx and Frederick Engels, *Selected Correspondence*,（International Publishers, New York）1942, p. 57. Marx, *Capital*, I, pp. 17–18 も見よ．

68） J. S. Mill, *Principles*, Ashley 版，p. 235; Toronto 版，p. 232.

69） Smith, *Wealth of Nations*, p. 61.

70） 同書 p. 14.

71） 同書 p. 574.

72） 同書 p. 596.

73） 同書 pp. 734, 737–740.

74） Ricardo, *Works*, I, pp. 249–250, 385.

75） J. S. Mill, *Principles*, Ashley 版，Toronto 版とも Bk. II, Chap. IV.

76） Jacob Viner, "Adam Smith and Laissez-faire", *Journal of Political Economy*, April 1927, pp. 198–232.

77） Smith, *Wealth of Nations*, p. 683.

78） 同書 p. 794.

79） 同書 p. 777.

80） J. S. Mill, *Principles*, Ashley 版，pp. 381–383; Toronto 版，pp. 376–378.

81） Smith, *Wealth of Nations*, p. 438.

82） J. S. Mill, *Principles*, Ashley 版，p. 795; Toronto 版，p. 799.

83） 同書 Ashley 版，p. 950; Toronto 版，p. 945.

84） 同書 Ashley 版，p. 947; Toronto 版，p. 941.

85） 同書 Ashley 版，p. 945; Toronto 版，pp. 939–940.

86） 同書 Ashley 版，p. 961; Toronto 版，p. 955.

87） 同書 Ashley 版，p. 956; Toronto 版，p. 950.

88） 同書 Ashley 版，p. 949; Toronto 版，p. 943.

89） Ricardo, *Works*, VII, p. 241. リカードォは次のようにも述べている．「国民がそれをくつがえすことのできる容易さに比例して政府は自由である」．同著作集 VIII, p. 133.

90） 同著作集 VIII, 49.

91) Smith, *Wealth of Nations*, pp. 581-582.

92) James Mill, *Commerce Defended*, (C.&R. Baldwin, London) 1808, p. 128.

93) 同書 p. 130.

94) J. S. Mill, "Speech on the British Constitution", *Autobiography*, p. 278.

95) Jean-Baptiste Say, *Œuvres diverses de J-B. Say*, (Guillaumin et Cie, Paris) 1848, p. 397.

96) Smith, *Wealth of Nations*, p. 872.

97) 同書 p. 878.

98) 上記引用箇処.

99) Ricardo, *Works*, IX, p. 180.

100) Smith, *Wealth of Nations*, pp. 738-739. Alexander Bain, *James Mill*, (Longmans, Green and Co., London) 1882, p. 49. Packe, *Life of John Stuart Mill*, p. 424.

101) Smith, *Wealth of Nations*, p. 728.

102) 同書 pp. 717-720.

103) Francis W. Hirst, *Adam Smith*, (Macmillan Co., New York) 1904, pp. 115-116. John Rae, *Life of Adam Smith*, (Macmillan & Co., London) 1895, pp. 167-168, 170-171.

104) Ricardo, *Works*, X, p. 13.

105) Rae, *Life of Adam Smith*, p. 437.

106) Ricardo, *Works*, VI, p. 122, 同著作集 X, pp. 113, 118, 131, 133.

107) F. A. v. Hayek, "Introduction", Thornton, *Paper Credit of Great Britain*, p. 23.

108) 同書 p. 25.

109) Richard Whately, *Introductory Lectures on Political Economy*, 2nd edn., (B. Fellowes, London) 1832, p. 2.

110) Packe, *Life of John Stuart Mill*, p. 484.

111) Jacob Viner, "The Economist in History", *American Economic Review*, May 1963, p. 13 に引用されている.

112) Smith, *Wealth of Nations*, pp. 66-67.

113) Graham Wallas, *The Life of Francis Place*, (Burt Franklin, New York) 1951, Chap. VIII.

114) 同書 pp. 206-207.

115) Ricardo, *Works*, VIII, p. 316.

116) Wallas, *The Life of Francis Place*, p. 99.

117) Packe, *Life of John Stuart Mill*, pp. 57-58.

118) Mark Blaug, *Ricardian Economics*, (Yale University Press, New Haven) 1958, p. 196.

119) Marian Bowley, *Nassau Senior and Classical Economics*, (George Allen & Unwin, London) 1937, Pt, II.

120) Elie Halévy, *The Growth of Philosophic Radicalism*, (Kelley & Millman, New York) n. d., Pt, III. [n. d. は not dated の略……訳者]

121) Wallas, *The Life of Francis Place*, p. 161.

122) J. A. Schumpeter, *History of Economic Analysis*, (Oxford University Press, New York) 1951, p. 402.

123) Ricardo, *Works*, I, p. 108.

124) Thomas Sowell, *Say's Law: A Historical Analysis*, (Princeton University Press, Princeton) 1972, pp. 20, 126-127.

125) Adam Smith, *Wealth of Nations* に付されたマックス・ラーナー(Max Lerner)による「序文」を見よ．pp. ix-x.

126) Ricardo, *Works*, V, pp. 467-468.

127) 同著作集 X, p. 278.

128) Mill, *Principles*, Ashley 版，pp. 211-217; Toronto 版，pp. 210-214.

129) Rae, *Life of Adam Smith*, pp. 26-29.

130) 同書 pp. 26, 208.

第２章

1) Adam Smith, *An Inquiry into the Nature and Causes of the Wealth of Nations*, (Modern Library, New York) 1937. [本書では古典学派の中心となる関心事として成長の問題が強調されているが，成長論自体への体系的な分析・批評はなされていないことが惜しまれる．……訳者]

2) David Ricardo, *The Works and Correspondence of David Ricardo*, Pierro Sraffa ed., (Cambridge University Press, Cambridge) 1951-55, I, p. 5.

3) Smith, *Wealth of Nations*, p. 59.

4) Jean-Baptiste Say, *A Treatise on Political Economy*, trans. by Clement C. Biddle, (Grigg & Elliot, Philadelphia) 1834, p. xxxvii. James Mill, *Commerce Defended*. (C.&R. Baldwin, London) 1808, p. 76n. Smith, *Wealth of Nations*, p. 643.

5） Pierre-Paul Le Mercier de La Rivière, *L'Ordre naturel et essentiel des sociétés politiques*, (Jean Nourse, London) 1767, II, p. 249.

6） 同書 p. 337.

7） 同書 pp. 262-264.

8） 同書 p. 262.

9） 同書 p. 264.

10） 同書 p. 258.

11） 同書 p. 296.

12） 同書 p. 291.

13） 同書 p. 140.

14） 同書 p. 272.

15） 同書 p. 250.

16） 同書 pp. 138, 142, 250.

17） 同書 pp. 138, 271.

18） 同書 pp. 138-139.

19） Say, *A Treatise on Political Economy*, p. xxxvii.

20） Jean-Baptiste Say, *Traité d'économie politique*, (Deterville, Paris) 1803, II, pp. 358-359. James Mill, *Commerce Defended*, p. 76n.

21） Joseph J. Spengler, "The Physiocrats and Say's Law of Markets", *Essays in Economic Thought*, J. J. Spengler and W. R. Allen eds., (Rand McNally & Co., Chicago) 1960, pp. 161-214. Ronald L. Meek, *The Economics of Physiocracy*, (Harvard University Press, Cambridge) 1963.

22） J-B. セイの師にあたるデュポン・ド・ヌムールは，セイをしてその分析のいかに多くが重農主義者に由来するものであるかを想起せしめた．Jean-Baptiste Say, *Œuvres diverses de J-B. Say*, (Guillaumin et Cie, Paris) 1848, p. 365.

23） Smith, *Wealth of Nations*, p. 321.

24） 同書 p. 323.

25） 同書 p. 407.

26） 上記引用箇処.

27） 上記引用箇処.

28） James Mill, *Commerce Defended*, p. 81.

29） 同書 p. 83. Smith, *Wealth of Nations*, pp. 321-322.

30） Smith, *Wealth of Nations*, p. 322. Say, *Traité d'économie politique*, 1803 edn., II, 177n.

31） John Stuart Mill, *Principles of Political Economy*, Toronto 版，p. 573.

32） James Mill, *Elements of Political Economy*, 3rd edn.,（Henry G. Bohn, London）1844, pp. 228, 231, 237, 241. John Stuart Mill, *Principles*, Toronto 版, pp. 572-573. John Stuart Mill, *Collected Works*, IV, *Essays on Economics and Society*, pp. 17-18, 42.

33） ジェイムズ・ミルは「年々の購買と販売は」「つねに釣り合う」と論じた. *Commerce Defended*, p. 82. J. R. マカロックは「それと等価な購買を伴わぬいかなる販売」もありえないと明言した（*Edinburgh Review*, March 1821, p. 108）. ロバート・トーレンズは供給と需要とを「交換可能」な用語とみなした（*Edinburgh Review*, October 1819, p. 470）.

34） Smith, *Wealth of Nations*, p. 322. [James Mill], "Lord Lauderdale on Public Wealth", *The Literary Journal*, July 1804, p. 12. James Mill, *Commerce Defended*, pp. 70, 71, 74, 78.

35） Say, *Traité d'économie politique*, 1803, edn., II, p. 178. Ricardo, *Works*, VIII, p. 277. 同著作集 II, p. 306. Robert Torrens, *An Essay on the Production of Wealth*,（Longman, Hurst, Rees, Orme and Brown, London）1821, pp. 391, 392, 396. John Ramsay McCulloch, *The Principles of Political Economy*, 5th edn.,（Adam and Charles Black, Edinburgh）1864, p. 145. James Mill, *Commerce Defended*, p. 85. James Mill, *Elements of Political Economy*, pp. 234-235, 240, 241. Harriet Martineau, *The Moral of Many Fables*,（Charles Fox, London）1834, p. 128. [原著ではマカロックのミドル・ネームが Ramsey とつづられているが，誤りである．第 3 章脚注 5 も同様．……訳者]

36） マルサスによれば，経済の長期的成長は「絶対的に限りのないものである」（Ricardo, *Works*, VI. p. 318 所収の書簡）．セイの法則に対するマルサスの攻撃にもかかわらず，「過剰生産の問題は専らそれが特殊的であるばかりでなく一般的でありうるや否やを問うものであって，一時的であるばかりでなく恒久的でありうるや否やをめぐるものではないのである」. T. R. Malthus, *Definition in Political Economy*,（John Murray, London）1827, p. 62. 同様にシスモンディも短期的な集計量の不均衡論を有していたが，長期の停滞は否認した．シスモンディによれば，「諸国民の自然径路」は「彼らの繁栄の累積的拡大，すなわち新生産物に対する需要とそれに対する支払い手段の増加とその帰結である」. J. C. L. Simonde de Sismondi, *Nouveaux principes d'économie politique*, 3rd edn.,（Edition Jeheber, Geneva-Paris）1953, II, p. 308. セイの法則についての他の批評にも同様の考え方が見出される．James Maitland, 8th Earl of Lauderdale, *An*

Inquiry into the Nature and Origin of Public Wealth, (Augustus M. Kelley, New York) 1962 [原版の刊行年は 1804], p. 229. Thomas Chalmers, *On Political Economy,* (William Collins, Glasgow) 1832, pp. 96, 158.

37) Sismondi, *Nouveaux principes,* I, p. 118. Lauderdale, *Nature and Origin of Public Wealth,* pp. 3-4, 212. Chalmers, *On Political Economy,* p. 158.

38) Sismondi, *Nouveaux principes,* I, pp. 71-75.

39) 同書 p. 110.

40) 同書 pp. 250-251.

41) Ricardo, *Works,* IX, p. 20.

42) Robert L. Heilbroner, *The Worldly Philosophers,* 3rd edn., (Simon & Schuster, New York) 1967, p. 91.

43) J. S. Mill, *Principles,* Toronto 版, p. 573; Ashley 版, p. 559.

44) Ricardo, *Works,* II, p. 306.

45) 同著作集 VIII, p. 277.

46) *Edinburgh Review,* March 1821, pp. 106-107.

47) Sismondi, *Nouveaux principes,* II, p. 253.

48) Ricardo, *Works,* I, pp. 382-383, 同著作集 VI, p .109.

49) J. C. L. Simonde de Sismondi, *Études sur l'économie politique,* (Treuttel et Wurtz, Paris) 1837-1838, II, p. 381.

50) 脚注 37 および本文第二節を見よ.

51) Ricardo, *Works,* VI, p. 21. [引用の仕方がやや不備なので，その前後を訳出しておく.「最近の経済学についての多くの著者たちは，商業階級がいだいている貿易収支についての馬鹿げた考え方を修正するのに忙しく，貴金属と他の商品との真の違いを見落としていた」ように思う. 1811 年 6 月 16 日付，マルサスからリカードォ宛の書簡. ……訳者]

52) J. C. L. Simonde [de Sismondi], *De la richesse commerciale.* (J. J. Paschoud, Geneva) 1803, I, pp. 99-108.

53) Torrens, *Edinburgh Review,* October 1819, p. 473.

54) McCulloch, *The Principles of Political Economy,* 5th edn., p. 149.

55) Ricardo, *Works,* II, p. 390.

56) McCulloch, *The Principles of Political Economy,* p. 144.

57) 同書 p. 145. J. S. Mill, *Principles,* Ashley 版, p. 561; Toronto 版, p. 575.

58) J. S. Mill, *Collected Works,* IV, p. 17.

59) McCulloch, *The Principles of Political Economy,* p. 145.

60) James Mill, *Elements of Political Economy*, p. 242.

61) [Samuel Bailey], *An Inquiry into Those Principles Respecting the Nature of Demand and the Necessity of Consumption Lately Advocated by Mr. Malthus*, (R. Hunter, London) 1821. この匿名の小冊子の著者がベイリーであることについては，私の "Samuel Bailey Revisited" *Economica*, November 1970, pp. 402-408 に証明されている．

62) Malthus, *Definitions in Political Economy*, pp. 62-63.

63) たとえば次のような文献を見よ．Don Patinkin, *Money, Interest and Prices*, 2nd edn., (Harper & Row, New York) 1965, p. 364. Mark Blaug, *Economic Theory in Retrospect*, (Richard D. Irwin, Homewood) 1962, p. 140. Mark Blaug, *Ricardian Economics*, (Yale University Press, New Haven) 1958, p. 93.

64) Malthus, *Definitions in Political Economy*, p. 62.

65) Ricardo, *Works*, IX, pp. 15, 131.

66) J-B. Say, *Œuvres diverses*, p. 505.

67) J. C. L. Simonde de Sismondi, *Political Economy and the Philosophy of Government*, (John Chapman, London) 1847, p. 449.

68) Say, *Traité d'économie politique*, 5th edn., I, pp. 194-195.

69) 同書 p. 195.

70) Say, *Cours complet d'économie politique*, I, p. 345. [正確には *Cours complet d'économie politique pratique*. 1828-1829 に六分冊にて刊行された．歿後，1840 年に再版(全二巻)．1852 年に第三版が出版された．……訳者]

71) 「……一般にある限度までは生産物を相互に増加したり購買したりすることができる．しかし，その限度を如何に決定するか，それは厳密には誰れにもわからないもので，各国の地域的状況にも依存する．その限度を超えると，ある生産物は消費者たちがそれを手に入れるために必要な費《つい》えを彼らに償うべき効用と比べて，値が高くなりすぎるのである」．同書 pp. 346-347.

72) J. S. Mill, *Principles*, Toronto 版，pp. 570-571, 575, 576; *Collected Works*, IV, pp. 16-17.

73) 同書 *Principles*, Toronto 版，pp. 570-571; *Collected Works*, IV, pp. 16-17.

74) J. S. Mill, *Essays on Some Unsettled Questions of Political Economy*, (John W. Parker, London) 1844, p. 69.

75) J. S. Mill, *Collected Works*, IV, p. 16.

76) J. S. Mill, *Essays on Some Unsettled Questions of Political Economy*, p. 70.

77) J. S. Mill, *Principles*, Toronto 版，p. 574.

78） Jean-Baptiste Say, *Letters to Thomas Robert Malthus*, (George Harding's Bookshop, Ltd., London) 1936 ［原版は London, 1821］, pp. 45n-46n. Torrens, *An Essay on the Production of Wealth*, pp. 421-422. Smith, *Wealth of Nations*, p. 407. George Poulett Scrope, *Principles of Political Economy*, (Longman, Rees, Orme, Brown, Green & Longman, London) 1833, pp. 214-215.
79） J. S. Mill, *Principles*, Toronto 版, p. 747.
80） Lauderdale, *Nature and Origin of Public Wealth*, pp. 227-228. Sismondi, *Nouveaux principes*, I, pp. 247-248. また T. R. Malthus, *Principles of Political Economy*, 2nd edn., (Augustus M. Kelley, New York) 1951 ［原版の刊行年は 1836］, pp. 328, 351-352 では，この点はより表に出ない表現になっている．Chalmers, *On Political Economy*, p. 136.
81） Sismondi, *Nouveaux principes*, I, p. 248.
82） Ricardo, *Works*, II, p. 338.
83） Say, *A Treatise on Political Economy*, p. 143. James Mill, *Commerce Defended*, p. 88.
84） The Earl of Lauderdale, *Three Letters to The Duke of Wellington*, (John Murray, London) 1829, p. 134. Sismondi, *Nouveaux principes*, I, pp. 328-329, 同書 II, pp. 193, 308.
85） ［James Mill］, "Lord Lauderdale on Public Wealth", p. 14. ［「自発的吝嗇」とは経済を構成する主体の貯蓄性向を指している．ケインズ『一般理論』刊行当初は，貯蓄性向の変化が経済活動水準に与える影響をめぐるケインズの考え方が十分理解されず，しばしば議論の種となった．しかし本書のこの部分で問題になっているのは，政府の課税・公的投資が活動水準に及ぼす効果であり，民間の消費性向の変化とは区別されなければならない．p. 61 も参照のこと．……訳者］
86） *Edinburgh Review*, March 1821, p. 108.
87） James Mill, *Commerce Defended*, p. 82.
88） ［J. S. Mill］, "War Expenditure", *Westminster Review*, July 1824, p. 41. J. S. Mill, *Essays on Some Unsettled Questions of Political Economy*, p. 69. セイにとっては「生産」あるいは「生産物」の定義そのものが，費用を償う価格で販売されるという条件を含んでいる．Say, *Traité d'économie politique*, 5th edn., p. 195. Say, *Cours complet d'économie politique*, I, pp. 345-346. Say, *Œuvres diverses*, p. 513.
89） リカードォが「不変の価値尺度」にこだわったのは，財の相対価値におけ

る変化を，「真に」変化したのはどの財であるか，すなわち生産費のある変化はどこから生じたのかを見究める方法で分析しようとする試みからであった（Ricardo, *Works*, I, pp. 17-18）．マルサスは同様の方法で貨幣理論に接近した．つまり貨幣供給の変化は実物的現象の「源泉となる原因」でもなく「主因」でもないというのである（*Edinburgh Review*, February 1811, pp. 359, 343）．ただし貨幣供給の変化の方が，実物変数の変化がもたらす「必然的帰結」の一部を成す可能性はある（*Definition in Political Economy*, p. 66）．

90） 本書第1章．

91） Smith, *Wealth of Nations*, pp. 398-399. Ricardo, *Works*, III, p. 145. J. S. Milll, *Principles*, Toronto 版，pp. 4-5, 7, 71-72, 505, 592.

92） Smith, *Wealth of Nations*, pp. 334, 335. Ricardo, *Works*, III, pp. 273, 286. J. S. Mill, *Principles*, Toronto 版，p. 508.

93） Smith, *Wealth of Nations*, p. 407.

94） Smith, *Wealth of Nations*, p. 337. Ricardo, *Works*, I, pp. 363-364. 同書 III, pp. 25-26, 89, 90, 91, 92, 137, 143, 150, 341, 374-375, 376. J. S. Mill, *Principles*, Toronto 版，p. 655; 同 *Collected Works*, IV, p. 98.

95） Smith, *Wealth of Nations*, pp. 336, 339. Ricardo, *Works*, I, p. 363. 同著作集 III, pp. 25-26, 143, 150, 374-375. 同著作集 IV, pp. 94-95, 103, 104, 108, 110. 同著作集 VII, p. 197. J. S. Mill, *Collected Works*, IV, pp. 102, 300-302.

96） J-B. Say, "Catechism of Political Economy", Kelley 版 *Letters to Mr. Malthus*,（Augustus M. Kelley, New York）1967, p. 104 に再録.

97） Say, *A Treatise on Political Economy*, p. 138.

98） McCulloch, *The Principles of Political Economy*, 5th edn., p. 157.

99） Sismondi, *Nouveaux principes*, I, p. 278; 同著者，*Political Economy*, p. 79.

100） Sismondi, *Nouveaux principes*, II, p. 2, また Sismondi, *Richesse commerciale*, I, p. 33n をも見よ．

101） Chalmers, *On Political Economy*, p. 16.

102） Sismondi, *Nouveaux principes*, I, p. 118.

103） Lauderdale, *Nature and Origin of Public Wealth*, p. 212.

104） Chalmers, *On Political Economy*, p. 158.

105） Malthus, *Principles of Political Economy*, 2nd edn, p. 1324n. Malthus, *Definitions in Political Economy*, pp. 54, 60n.

106） Smith, *Wealth of Nations*, p. 407. Say, *Letters to Thomas Robert Malthus*, pp. 45n-46n. Sismondi, *Nouveaux principes*, II, pp. 83, 84.

107) Chalmers, *On Political Economy*, pp. 184–185.

108) David Hume, "On Interest", *Writing on Economics*, ed. Eugene Rotwein, (University of Wisconsin Press, Madison) 1970, pp. 47, 51, 56, 57. Smith, *Wealth of Nations*, p. 337. Ricardo, *Works*, I, pp. 363-364. 同著作集 III, pp. 25–26, 89, 90, 91, 92, 137, 143, 150, 341, 374–375, 376. J. S. Mill, *Collected Works*, IV, p. 98.

109) Hume, *Writing on Economics*, p. 57. Ricardo, *Works*, I, pp. 297–298. J. S. Mill, *Collected Works*, IV, p. 97. 同著者 *Principles*, Toronto 版, pp. 655–656, 657, 678n, 679n.

110) J. S. Mill, *Collected Works*, IV, pp. 189, 190, 197. Henry Thornton, *An Enquiry into the Nature and Effects of the Paper Credit of Great Britain*, F. A. v. Hayek, ed., (Augustus M. Kelley, New York) 1965, pp. 236, 237, 239, 250.

111) Hume, *Writings on Economics*, pp. 37, 38, 40, 91–92, 93–94. Smith, *Wealth of Nations*, p. 304. J. S. Mill, *Principles*, Toronto 版, pp. 565–566.

112) Ricardo, *Works*, III, p. 94.

113) 同著作集 p. 245.

114) J. S. Mill, *Principles*, Toronto 版, p. 654, 同著作集 IV, p. 671.

115) 同著作集 *Principles*, Toronto 版, p. 654.

116) 同書 pp. 654, 678n.

117) Hume, *Writings on Economics*, p. 57. J. S. Mill, *Principles*, Toronto 版, pp. 655–656; *Collected Works*, IV, p. 97.

118) Thornton, *Paper Credit of Great Britain*, p. 152.

119) 同書.

120) 同書 p. 97 も見よ.

121) 同書 p. 250.

122) 同書 p. 255–256.

123) 同書 p. 256.

124) 同書 Ricardo, *Works*, III, pp. 2–299.

125) 同書 p. 304, また pp. 317, 325, 329, 333 をも見よ.

126) 同書 pp. 318–319.

127) 同書 p. 324.

128) 同書 p. 334.

129) 同書 pp. 47–127. Thornton, *Paper Credit of Great Britain*, pp. 143, 151, 353 参照. [T. R. Malthus], "Pamphlets on the Bullion Question", *Edinburgh Review*, August 1811, pp. 448–470, Ricardo, *Works*, VI, pp. 21–42.

130) Hume, *Writings on Economics*, pp. 42-44. Smith, *Wealth of Nations*, pp. 306-308. Thornton, *Paper Credit of Great Britain*, pp. 233, 263, 267. [T. R. Malthus], "Tooke—on High and Low Prices", *Quarterly Review*, April 1823, p. 223. Ricardo, *Works*, III, p. 90. Nassau W. Senior, *Three Lectures on the Cost of Obtaining Money*, (John Murray, London) 1830, pp. 57, 79, 80 および Nassau W. Senior, *Three Lectures on the Value of Money*, (B, Fellowes, London) 1840, pp. 14, 16, 26. J. S. Mill, *Principles*, Toronto 版, pp. 512-514. Alfred Marshall, *Official Papers*, (Macmillan & Co., London) 1926, pp. 267-268. および Alfred Marshall, *Money, Credit & Commerce*, (Augustus M. Kelley, New York) 1965, p. 45. Knut Wicksell, *Lectures on Political Economy*, II, (Routledge & Kegan Paul, London) 1962, pp. 59-67, 150. Irving Fisher, *The Purchasing Power of Money*, (Augustus M. Kelley, New York) 1963, pp. 164, 270. Milton Friedman, *The Optimum Quantity of Money*, (Aldine Publishing Company, Chicago) 1969, p. 62.

131) John Maynard Keynes, *The General Theory of Employment, Interest and Money*, (Harcourt, Brace & Co., New York) 1936, pp. 209, 289, 296,

132) 脚注 76, 77 および 78 を見よ．［本章の訳注 1 をも見よ．……訳者］

133) Robert Torrens, *An Essay on the Production of Wealth*, pp. 419-422.

134) Say, *Letters to Thomas Robert Malthus*, pp. 45n-46n.

135) Wicksell, *Lectures on Political Economy*, II, pp. 159-160. [ここでヴィクセル自身の説明を引用しておこう．

> 特定の商品のあらゆる価格の騰落は当該商品の需給均衡の攪乱――それが実際に起こったにせよ，あるいは単なる見こみにすぎないにせよ――を前提にするものである．この点は各個別商品について妥当するならば，全商品を集合的に扱った場合にも疑いもなく成り立つに違いない．したがって諸価格の一般的騰貴は，総需要がなんらかの理由で総供給より大となる，あるいはそうなると見こまれるものと想定してはじめて考えうることである．しかしこれはおかしな話しに聞こえるかもしれない．なぜなら，財自体が相互的に互いの需要をつくり出し，また制限しているとみなすことにわれわれが慣れてしまっているからである．

「窮極的には」財と財とが交換されるにせよ，貨幣がなかだちとなる．間にはさまった貨幣と財とが交換される場面の分析が見落とされてきたのである．

与えられた条件の下で，財に対する貨幣需要が如何にしてまた何故に，財の供給に比べて過不足を生ずるのか，——その名に値するいかなる貨幣理論もこれを説明しうるものでなければならない．（同書 pp. 159–160）

ここで価格の騰落は商品の需給の不一致を前提にしているというヴィクセルの所説は，もちろん需給の数量について述べている．セイの法則が主張するところは，貨幣以外の諸商品の超過需要の価値の和が恒等的にゼロに等しいことであって，数量としての需給の一致とは峻別されねばならない．ただし引用したヴィクセルの議論のように，貨幣以外の諸財を集合的に（あたかも一財の如く）扱う場合には，両者の区別は消滅する．

ゾーウェルのこのあたりの叙述には不注意な混乱が見られる．……訳者］

136） Thornton, *Paper Credit of Great Britain* が上梓されてから40年以上が経過したのち，J. S. Mill はこの作品を，当該の主題について英語で書かれたもののうち，「今日でさえ最も明澄な説明」と描写した．J. S. Mill, *Principles*, Toronto版，p. 531n. ［T. R. Malthus］, "Depreciation of Paper Currency", *Edinburgh Review*, February 1811, p. 340. Sismondi, *Nouveaux principes*, II, p. 83.

137） Thornton, *Paper Credit of Great Britain*, p. 97.

138） 同書 p. 100.

139） Ricardo, *Works*, III, p. 365.

140） 同著作集 I, p. 298.

141） J. S. Mill, *Principles*, Toronto版，p. 654.

142） Torrens, *An Essay on the Production of Wealth*, p. 422.

143） 同書 p. 424.

144） McCulloch, *The Principles of Political Economy*, 5th edn., p. 158.

145） Thornton, *Paper Credit of Great Britain*, pp. 119n, 264, 265. ［Malthus］, "Depreciation of Paper Currency", p. 341.

146） これが Ricardo の小冊子 *The High Price of Bullion, A Proof of the Depreciation of Bank Notes* の主題である．Ricardo, *Works*, III, pp. 47–127 を見よ．J. S. Mill, *Principles*, Toronto版，pp. 644–646 も参照．

147） Smith, *Wealth of Nations*, pp. 276, 280–281, 284. Ricardo, *Works*, IV, pp. 43–114. 同著作集 VI, p. 69; VII, p. 151; VIII, p. 295. Torrens, *An Essay on the Production of Wealth*, pp. 320–321. J. S. Mill, *Principles*, Toronto版，p. 642; *Collected Works*, IV, p. 82.

148) Ricardo, *Works*, III, pp. 318-319. 同著作集 VI, p. 233.

149) [Malthus], "Depreciation of Paper Currency", p. 364. Thornton, *Paper Credit of Great Britain*, p. 239. Torrens, *An Essay on the Production of Wealth*, p. 326.

150) Ricardo, *Works*, III, p. 94.

151) Say, *Letters to Thomas Robert Malthus*, pp. 45n-46n.

152) Ricardo, *Works*, IX, p. 25.

153) 同著作集, VIII, p. 316.

154) Thornton, *Paper Credit of Great Britain*, pp. 118-119.

155) Ricardo, *Works*, VIII, pp. 132-133.

156) Smith, *Wealth of Nations*, p. 879.

157) 同書 p. 880.

158) Ricardo, *Works*, I, p. 247.

159) 同著作集 IV, pp. 186-187.

160) 同書 p. 187.

161) 同書 p. 187, 同著作集 I, pp. 247-248.

162) 同著作集 IV, p. 186. Smith, *Wealth of Nations*, p. 878.

163) Ricardo, *Works*, IV, p. 197.

164) Lauderdale, *Three Letters*, pp. 32, 33, 34, 44, 45, 80n.

165) 同書 p. 33.

166) 同書 pp. 31, 33, 39, 77, 79, 82, 84, 85, 125, 126.

167) Smith, *Wealth of Nations*, p. 868. Ricardo, *Works*, I, p. 249. 同著作集 IV, pp. 194, 195.

168) Smith, *Wealth of Nations*, pp. 868, 873. Ricardo, *Works*, IV, pp. 193, 198.

169) The Earl of Lauderdale, *Observations on The Review of His Inquiry into the Nature and Origin of Public Wealth, Published in the VIIIth Number of the Edinburgh Review*, (A. C. H. Constable & Co., Edinburgh) 1804, pp. 75-76. [これは1804年,『エジンバラ評論』(第4巻8号)に掲載されたHenry P. Broughamの所説に答えたものである. ……訳者]

170) Lauderdale, *Nature and Origin of Public Wealth*, p. 232.

171) 同書 pp. 245, 254, 267. *Three Letters*, pp. 7, 10, 68, 79, 84, 108.

172) [James Mill], "Lord Lauderdale on Public Wealth", p. 14.

173) Lauderdale, *Nature and Origin of Public Wealth*, p. 245.

174) Frank Albert Fetter, "Lauderdale's Oversaving Theory", *American Eco-*

nomic Review, June 1945, p. 281.

175) ローダーデイルによれば，「あらゆる社会の支出と収入ほど，ほぼ釣り合いのとれているものはない」(*Nature and Origin of Public Wealth*, p. 229).「あらゆる社会の収入と支出は，ものごとの自然ななりゆきに委ねられるならば，均等にならねばならない」という命題は，「十分一般に認められているので，全く説明を要しない」ものとみなされていた(*Three Letters*, p. 121).

176) Lauderdale, *Nature and Origin of Public Wealth*, pp. 252, 257, 263, 274.

177) J. S. Mill, *Principles*, Toronto 版, pp. 738–739.

178) William Blake, *Observations on the Effects Produced by the Expenditure of Government During the Restriction of Cash Payments*, (John Murray, London) 1823, p. 62.

179) 同書 pp. 63, 120.

180) Ricardo, Works, IV, pp. 323–356. James Mill, *Elements of Political Economy*, p. 237 (1829 edn. では p. 231). J. S. Mill, "War Expenditure", *Westminster Review*, July 1824, pp. 27–48.

181) J. S. Mill, *Essays on Some Unsettled Questions of Political Economy*, pp. 67–72. Blake, *Observations*, pp. 54, 62 を参照.

182) Say, *A Treatise on Political Economy*, p. 137.

第3章

1) David Ricardo, *The Works and Correspondence of David Ricardo*, Piero Sraffa ed., (Cambridge University Press, Cambridge) 1951–55, I, p. 5, 同著作集 VIII, p. 278.

2) 「……土地に投下された労働総量は……(中略)……土壌から漸次逓減的な割合の収穫を引き出す.」[Sir Edward West], *Essay on the Application of Capital to Land*, (P. Underwood, London) 1815, p. 15. さらに同書 pp. 29, 36, 44 をも見よ.［本書には著者名が明記されず，"a Fellow of University College, Oxford" とのみ記されている. ……訳者］ John Stuart Mill, *Principles of Political Economy*, Ashley 版, pp. 177, 178, 185, 427; Toronto 版, pp. 174, 175, 181, 182, 421.

3) [West], *Essay on the Application of Capital to Land*, pp. 12, 15, 38. Ricardo, *Works*, I, p. 72.

4) J. S. Mill, *Principles*, Ashley 版, p. 427; Toronto 版, p. 421.

5) [West], *Essay on the Application of Capital to Land*, pp. 19, 23–24. Thomas

Robert Malthus, *An Inquiry into the Nature and Progress of Rent,* (Johns Hopkins Press, Baltimore) 1903, pp. 36, 38. Thomas Robert Malthus, *Principles of Political Economy,* 2nd edn., (John Murray, London) 1836, pp. 195-196. Ricardo, *Works,* I, p. 120. John Ramsay McCulloch, *The Principles of Political Economy,* (Adam and Charles Black, Edinburgh) 1864, p. 414.

6) [West], *Essay on the Application of Capital to Land,* p. 37. J. S. Mill, *Principles,* Ashley 版, p. 185; Toronto 版, p. 182.

7) J. S. Mill, 上記引用箇処. Malthus, *Nature and Progress of Rent,* p. 38.

8) Ricardo, *Works,* I, p. 73. McCulloch, *Principles of Political Economy,* pp. 424-425.

9) J. S. Mill, *Principles,* Ashley 版, p. 174; Toronto 版, p. 174.

10) Ricardo, *Works,* I, p. 67.

11) 同書 p. 71.

12) 同書 pp. 261n-262n. また Adam Smith, *An Inquiry into the Nature and Causes of the Wealth of Nations,* (Modern Library, New York) 1937, pp. 144-145.

13) Ricardo, *Works,* I, p. 73. J. R. McCulloch, *The Principles of Political Economy,* pp. 424-425. J. S. Mill, *Principles,* Ashley 版, pp. 476-477; Toronto 版, pp. 494-496.

14) Ricardo, *Works,* I, p. 71.

15) Smith, *Wealth of Nations,* p. 147. [West], *Essay on the Application of Capital to Land,* pp. 13, 14. Malthus, *Nature and Progress of Rent,* pp. 21, 23. Ricardo, *Works,* I, p. 70. McCulloch, *The Principles of Political Economy,* p. 422. J. S. Mill, *Principles,* Ashley 版, p. 433; Toronto 版, p. 428.

16) [West], *Essay on the Application of Capital to Land,* p. 14n.

17) 同書 p. 14.

18) 上記引用箇処.

19) Ricardo, *Works,* I, p. 328.

20) J. S. Mill, *Principles,* Ashley 版, p. 427; Toronto 版, p. 421.

21) Smith, *Wealth of Nations,* p. 146. Ricardo, *Works,* I, pp. 67-68, 327-337 参照.

22) Smith, *Wealth of Nations,* pp. 150, 151, 152, 159.

23) 同書 p. 145. [漁民は海の近くに住宅や施設をもたねばならない. しかし彼らはその地代を土地の生産物でなく漁獲の売り上げから支払わねばならない. この費用は魚の価格に反映されるであろう. 地代が商品価格の一部を構成する「ごく少数の例」としてスミスはこの話しを記したのであった. ……訳者]

24） 同書 pp. 49, 50. また p. 248 も見よ.
25） Ricardo, *Works*, I, p. 329.
26） Smith, *Wealth of Nations*, pp. 145-146.
27） J. S. Mill, *Principles*, Ashley 版, p. 476; Toronto 版, p. 494.
28） 同書 Ashley 版, p. 477; Toronto 版, p. 495.
29） 上記引用箇処.
30） 近代における「地代制限」法は多くの場合，居住単位の供給はすくなくとも短期には比較的に固定されているという類似の前提に基づいている．――ただし，家賃支払いにも含まれ，その供給は短期的にさえ固定的でない補助的用役(光熱，修繕，漏水，塗装等)は無視することが多い．
31） McCulloch, *The Principles of Political Economy*, p. 423.
32） Henry George, *Progress and Poverty*, (Modern Library, New York) n. d., Bk. VIII, Chap. III. George Bernard Shaw, *Fabian Essays in Socialism*, (Doubleday & Co., Garden City) n. d., pp. 41-42.
33） [West], *Essay on the Application of Capital to Land*, pp. 12, 37. Malthus, *Nature and Progress of Rent*, pp. 33, 38. J. S. Mill, *Principles*, Ashley 版, pp. 185-186; Toronto 版, p. 183.［ここで「一定あるいは右下がりの形状」を有するのは，通常費用函数と称されるもののグラフではなく，平均費用のそれであろう．「時間を通じて下方へ変位」するのはどちらについても妥当する．ゾーウェルの表現はやや不正確である．……訳者］
34） Ricardo, *Works*, I, pp. 94-95.
35） 同書 p. 120.
36） [West], *Essay on the Application of Capital to Land*, p. 18.
37） 同書 p. 24.
38） 同書 p. 21. Ricardo, *Works*, I, pp. 289-290. J. S. Mill, *Principles*, Ashley 版, pp. 726-727; Toronto 版, pp. 734-735 をも見よ.
39） Smith, *Wealth of Nations*, p. 87.
40） [West], *Essay on the Application of Capital to Land*, p. 21. Ricardo, *Works*, I, pp. 288-289.［リカードォの意図は次のとおり．

> ……賃金を騰貴せしめるなんらかの恒久的原因が存在しないならば，如何なる資本蓄積も恒久的に利潤を低下させることはないと思われる．……(中略)……労働者の必需品を同一の容易さを以てたえず増加せしめうるならば，如何なる量の資本蓄積がなされようとも，利潤率，賃金率

に恒久的変化は生じないであろう.
……訳者]

41) Ricardo, *Works*, I, p. 289.
42) Smith, *Wealth of Nations*, p. 92-93.
43) 同書 p. 339. Ricardo, *Works*, III, pp. 25-26, 150, 374-375.
44) [Samuel Bailey], *An Inquiry into those Principles respecting the Nature of Demand and the Necessity of Consumption Lately Advocated by Mr. Malthus*, (R. Hunter, London) 1821, pp. 10-13. J. A. Schumpeter, *History of Economic Analysis*, (Oxford University Press, New York) 1954, pp. 651-652.
45) T. R. Malthus, "An Essay on the Principle of Population", 1st edn., *On Population*, Gertrude Himmelfarb ed., (Random House, New York) 1960, p. 17. p. 52 も見よ.
46) 同書 p. 57, これは後の諸版にも繰り返されている. T. R. Malthus, *An Essay on the Principle of Population*, II, (J. M. Dent & Sons, London) 1961, pp. 4-5.
47) Malthus, "An Essay on the Principle of Population", *On Population*, pp. 15, 57, 162, 165n, 353, 444, 470-471.
48) 同書 p. 29.
49) 同書 p. 37, T. R. Malthus, "A Letter to Samuel Whitbread, Esq. M. P.", *Introduction to Malthus*, D. V. Glass, ed., (Frank Cass and Co., London) 1959, p. 186.
50) Malthus, "An Essay on the Principle of Population", *On Population*, pp. 591-592.
51) 同書 pp. 165, 337-338. Malthus, "A Summary View of the Principle of Population", *Introduction to Malthus*, p. 143.
52) Nassau William Senior, *Two Lectures on Population*, (Saunders and Otley, London) 1829, p. 61 に引用されたマルサスの言葉.
53) J. C. L. Simonde de Sismondi, *Nouveaux principes d'économie politique*, 3rd edn., II, (Edition Jeheber, Geneva-Paris) 1953, p. 182. Richard Whately, *Introductory Lectures on Political Economy*, 2nd edn., (B. Fellowes, London) 1832, pp. 248-250. Senior, *Two Lectures on Population*, pp. 36, 56, 58, 77.
54) Senior, *Two Lectures on Population*, p. 60 に引用されたマルサスの言葉.
55) 同書 p. 61.
56) Malthus, *Principles of Political Economy*, 2nd edn., p. 226.

57） Malthus, “An Essay on the Principle of Population”, *On Population*, p. 454.

58） Malthus, “A Summary View of the Principle of Population”, *Introduction to Malthus*, p. 143.

59） J. S. Mill, *Principles*, Ashley 版，p. 161；Toronto 版，p. 159.

60） 同書 Ashley 版，p. 157；Toronto 版，pp. 154, 155.

61） 同書 Ashley 版，p. 161；Toronto 版，p. 159.

62） 同書 Ashley 版，p. 359；Toronto 版，pp. 353-354.

63） J. S. Mill, *Collected Works*, IV, p. 449.

64） Malthus, “An Essay on the Principle of Population”, *On Population*, p. 17.

65） 同書 pp. 16, 163.

66） 同書 p. 151.

67） 同書 p. 212.

68） J. S. Mill, *Principles*, Ashley 版，p. 199；Toronto 版，p. 199.

69） 同書 Ashley 版，p. 200；Toronto 版，p. 199.

70） 上記引用箇処.

71） 同書 Ashley 版，p. 200；Toronto 版，pp. 199-200.

72） 同書 Ashley 版，p. 200；Toronto 版，p. 200.

73） 同書 Ashley 版，pp. 200-201；Toronto 版，p. 200.

74） Smith, *Wealth of Nations*, p. 56.

75） J. S. Mill, *Collected Works*, IV, p. 400. J. S. Mill, *Principles*, Ashley 版，p. 449；Toronto 版，p. 468.

76） Smith, *Wealth of Nations*, p. lvii.

77） 同書 p. 30.

78） 同書 p. 31.

79） 同書 p. 33.

80） 同書 pp. 30, 33, 78, 159, 247, 248.

81） Ricardo, *Works*, I, pp. 14, 17-18, 29, 43-44 を見よ．［Samuel Bailey］, *A Critical Dissertation on the Nature, Measures and Causes of Value*,（R. Hunter, London）1826, pp. 9, 121-122.

82） J. S. Mill, *Principles*, Ashley 版，p. 566；Toronto 版，pp. 578-579.

83） Malthus, *Principle of Political Economy*, p. 82. Thomas Robert Malthus, *Definitions in Political Economy*,（John Murray, London）1827, p. 210n.

84） Malthus *Definitions in Political Economy*, p. 52.

85） 同書 p. 52.

86) Karl Marx and Frederick Engels, *Selected Correspondence*, (International Publisher, New York) 1942, p. 232.

87) 同書 p. 246.

88) Karl Marx, *Capital*, I, (Charles H. Kerr & Co., Chicago) 1906, p. 45.

89) 「価値概念を証明する必要性についてのナンセンスは，扱われる問題および科学の方法の双方に関する完全な無知から生ずる」．Marx and Engels, *Selected Correspondence*, p. 246.

90) 「一年とはいわず，数週の間機能のやんだ国は死滅するであろう．これはどんな小児でも知っている．また相異なった必要に応ずる生産物を得るためには，社会の総労働をさまざまな，量的に決まった大きさにふり分けることが必要であり，これもいかなる小児といえども弁えていることである．社会的労働をはっきりした比率でふり分ける必要性が，払いのけて済まされないものであることは……(中略)……自明である」．注 89)引用箇処．

91) T. R. Malthus, *The Measure of Value*, (Kelley & Millman, New York) 1957, p. 16. Malthus, *Principle of Political Economy*, pp. 94–95. Ricardo, *Works*, I, pp. 43–44. J. S. Mill, *Principles*, Ashley 版，p. 566; Toronto 版，p. 579.

92) [Bailey], *A Critical Dissertation on the Nature, Measures and Causes of Value*, p. 55.

93) 同書 p. 127n.

94) [Bailey], *A Critical Dissertation on the Nature, Measures and Causes of Value*, pp. 185 ff. [Samuel Bailey], *Observations on Certain Verbal Disputes in Political Economy*, (R. Hunter, London) 1821, pp. 80ff. Ricardo, *Works*, I, p. 74. J. S. Mill, *Principles*, Ashley 版，p. 471; Toronto 版，p. 490.

95) Malthus, *Principle of Political Economy*, 2nd edn., p. 70. Ricardo, *Works*, I, p. 384. J. S. Mill, *Principles*, Ashley 版，p. 449; Toronto 版，p. 469.

96) [Bailey], *A Critical Dissertation on the Nature, Measures and Causes of Value*, p. 199. [Bailey], *Observations on Certain Verbal Disputes in Political Economy*, p. 82.

97) J. S. Mill, *Collected Works*, VI, p. 398.

98) Ricardo, *Works*, VIII, p. 279.

99) 同書 p. 33.

100) 「生産費が価格を律しない場合でも必ず需要と供給がそれを律する」．J. S. Mill, *Collected Works*, IV, p. 400.

101) 同書 IV, p. 33. 同著作集 V, p. 635 も見よ．[次の段落中，供給量が固定的な

場合には，生産費・効用が価格決定に参与しないと書かれているのは不可解である．この場合は生産費の如何にかかわらず，需要(効用)が価格を決めると考えるべきであろう．……訳者]

102) Ricardo, *Works*, I, p. 382; VI, p. 129. J. S. Mill, *Principles*, Ashley 版, pp. 446, 447, 449; Toronto 版, pp. 466, 467, 469. John Stuart Mill, "Notes on N. W. Senior's *Political Economy*", *Economica*, August 1945, pp. 134, 145.

103) Ricardo, *Works*, VI, p. 129.

104) Malthus, *Principles of Political Economy*, 2nd edn., p. 68.

105) Malthus, *Definitions in Political Economy*, p. 245.

106) Malthus, *Principles of Political Economy*, 2nd edn., pp. 65n–66n.

107) [Bailey], *Observations on Certain Verbal Disputes in Political Economy*, p. 65.

108) Malthus, *Definitions in Political Economy*, 2nd edn., p. 242.

109) Malthus, *Principles of Political Economy*, 2nd edn., pp. 71, 73, 74. T. R. Malthus, *The Measure of Value*, (John Murray, London) 1823, pp. 17, 19.

110) Malthus, *Principles of Political Economy*, 2nd edn., pp. 65n–66n, 72. Malthus, *Definitions in Political Economy*, p. 221. Malthus, *Measure of Value*, p. 44.

111) J. S. Mill, *Principles*, Ashley 版, pp. 445, 446, 448; Toronto 版, pp. 465, 466, 467.

112) W. Stanley Jevons, *The Theory of Political Economy*, (Kelley & Millman, New York) 1957, p. 275.

113) J. S. Mill, *Collected Works*, IV, p. 30.

114) J. S. Mill, *Principles*, Ashley 版, p. 436; Toronto 版, p. 456.

115) Ricardo, *Works*, I, Chap. I.

116) 同著作集 IX, pp. 127, 178.

第4章

1) Adam Smith, *An Inquiry into the Nature and Causes of the Wealth of Nations*, (Modern Library, New York) 1937, pp. 30, 33.

2) 同書.

3) 同書．地代は時として価格によって決定され(p. 56)，また時に価格を決定する(p. 146)．

4) 同書．実質という言葉は p. 78 では財・用役を意味し，しかし pp. 30, 33, 159, 247, 248 では労働に対する支配力を意味する．

5) David Ricardo, *The Works and Correspondence of David Ricardo*, Piero Sraffa ed., (Cambridge University Press, Cambridge) 1951-55, I, pp. 16-17, 19-20, 67-68. John Stuart Mill, *Principles of Political Economy*, Ashley 版, pp. 436-437, 567, 726-727; Toronto 版, pp. 456, 580, 734-735.

6) J. A. Schumpeter, *History of Economic Analysis*, (Oxford University Press, New York) 1951, pp. 189-191 ほかあちこちに散見される.

7) Ricardo, *Works*, VII, p. 120.

8) Richard Jones, *An Essay on the Distribution of Wealth*, (John Murray, London) 1831, p. xx.

9) 同書 p. xxxix.

10) Richard Jones, *Literary Remains*, ed. William Whewell, (John Murray, London) 1859, p. 569.

11) 同書 p. 576.

12) 同書 p. 570.

13) 同書 p. 600.

14) 同書 p. 570.

15) Jones, *Distribution of Wealth*, p. 325.

16) William Whewell, "Prefatory Notice", Richard Jones, *Literary Remains*, pp. xii-xiii.

17) Thomas Robert Malthus, *Principles of Political Economy*, 2nd ed,, (Augustus M. Kelley, New York) 1951, p. 8.

18) 同書 p. 6.

19) J. C. L. Simonde de Sismondi, *Nouveaux principes d'économie politique*, 2nd edn., II, (Edition Jeheber, Geneva-Paris) 1951, p. 256.

20) 同書 I, p. 234.

21) 同書 II, p. 283. J. C. L. Simonde de Sismondi, *Etudes sur l'économie politique*, (Treuttel et Wurtz, Paris) 1837-1838, I, pp. 85n-86n.

22) Jean-Baptiste Say, *Œuvres diverses de J-B. Say*, (Guillaumin et Cie, Paris) 1848, p. 527.

23) 同書 p. 527.

24) 同書 p. 505.

25) Malthus, *Principles of Political Economy*, 2nd edn., pp. 1, 432, 434. T. R. Malthus, *Definitions in Political Economy*, (John Murray, London) 1827, p. 2.

26) Jean-Baptiste Say, *A Treatise on Political Economy*, trans. by Clement C.

Biddle, (Grigg & Elliot, Philadelphia) 1834, pp. xxviii–xxix. [Samuel Bailey], *Observations on Certain Verbal Disputes in Political Economy*, (R. Hunter, London) 1821, pp. 37, 62. Jones, *Literary Remains*, p. 598. Nassau W. Senior, *Four Introductory Lectures on Political Economy*, (Longman, Brown, Green, and Longmans, London) 1852, p. 23, 33. John Stuart Mill, *Essays on Some Unsettled Questions of Political Economy*, (John W. Parker, London) 1844, pp. 129–132.

27) Say, *A Treatise on Political Economy*, p. xxvi.

28) Augustin Cournot, *Researches into Mathematical Principles of the Theory of Wealth*, (Augustus M. Kelley, New York) 1960, p. 3.

29) Ricardo, *Works*, VIII, p. 331.

30) 同著作集 VI, p. 204.

31) John Ramsay McCulloch, *A Treatise on the Circumstances Which Determine the Rate of Wages and the Condition of the Labouring Classes*, 2nd edn., (G. Routledge & Co., London) 1854, p. 8.

32) James Mill, *Elements of Political Economy*, 3rd edn., (Henry G. Bohn, London) 1844, p. 240.

33) John Stuart Mill, *Collected Works*, Vol. IV, *Essays on Economics and Society*, p. 16.

34) 同書.

35) Robert Torrens, *An Essay on the Production of Wealth*, (Longman, Hurst, Rees, Orme and Brown, London) 1821, p. xii. 21 年の後ナッソー・シーニオワは，経済学がその学説，原理あるいは定義をゆるぎなく確立した姿からいかに「ほど遠い」かと述懐している．Nassau Senior, *Four Introductory Lectures on Political Economy*, p. 53. このあとさらに 20 年が経過したとき，ジョン・E・ケアンズは経済学の現状とトーレンズの予測を引き比べつつ，きわめて類似した考察をめぐらすことになるのであった．John E. Cairnes, *The Character and Logical Method of Political Economy*, (Augustus M. Kelley, New York) 1970, p. 20.

36) Ricardo, *Works*, VIII, p. 184. 同著作集 III, p. 205 も見よ．

37) 同著作集 VIII, p. 235.

38) 同著作集 III, p. 181. pp. 173, 239 も見よ．

39) J. S. Mill, *Essays on Some Unsettled Questions of Political Economy*, p. 142.

40) Richard Whately, *Introductory Lectures on Political Economy*, 2nd ed., (B.

Fellowes, London) 1832, p. 230.

41) 同書 p. 235.

42) 同書 p. 237.

43) [T. R. Malthus], "Political Economy", *Quarterly Review*, January 1824, p. 334. Sismondi, *Nouveaux principes*, I, pp. 63, 69. Say, *A Treatise on Political Economy*, pp. xl–xli.

44) Smith, *Wealth of Nations*, pp. 74–75.

45) 「労働の自然価格は，労働者をして増加も減少もなく，平均して，その種の生存，永続を可能ならしめるに必要な価格のことである」. Ricardo, *Works*, I, p. 193. 「賃金はその自然率に合致する傾向を有するのであるが，しかしそれにもかかわらず，進歩しつつある社会においては，その市場率がきわめて長期にわたってつねに自然率を上まわる可能性がある」. 同書 pp. 94–95.

46) 「この論文の主要な目的は，ひとつの大きな原因の効果を吟味することである」. T. R. Malthus, *An Essay on Population*, I, (J. M. Dent & Sons, London) 1960, p. 5.

47) Sismondi, *Nouveaux principes*, II, p. 115.

48) シスモンディの著作には多数の数学的モデルとロビンソン・クルーソー的世界の事例が含まれている．

49) Say, *A Treatise on Political Economy*, p. xlix. J. A. シュムペーターは後に，経済学者の間に介在するこの傾向をリカードォ的悪弊(Ricardian Vice)と名づけた．J. A. Schumpeter, *Essays of J. A. Schumpeter*, (Addison-Wesley Press, Cambridge, Mass.) 1951, pp. 150, 154. J. A. Schumpeter, *History of Economic Analysis*, pp. 472–473.

50) Richard Jones, *Literary Remains*, p. 569.

51) 例外，修正あるいは「攪乱因」(disturbing causes)はただちに許容された．もっともそうしたあとで，このような容認などなされなかったかのように分析が進行することも時にはあったのである．

52) すくなくとも，ジョン・スチュアート・ミルの時代までは，これが古典学派の立場であった．「……特定の事情あるいは時代に殆ど固有といってよい状況が，この事情の決定因としてはるかに大きな支配力をもつことがしばしば起こるものである」. J. S. Mill, *Essays on Some Unsettled Questions of Political Economy*, p. 155.

53) J. S. Mill, *Collected Works*, IV, p. 225.

54) 同書 p. 226.

55) J. S. Mill, *Essays on Some Unsettled Questions of Political Economy*, p. 142.

56) John Stuart Mill, *A System of Logic*, (Longmans, Green and Co., London) 1959, Bk. III, Chap. XI, Sec. 3, p. 303.

57) 同書 Bk. III, Chap .X.

58) Karl Marx and Frederick Engels, *Selected Correspondence*, (International Publishers, New York) 1942, p. 247.（エンゲルスの名がゾーウェルの原著では Friedrich と記されているが，引用された本の著者名は Frederick とされているので，それにあわせて訂正した．――[訳者]）.

59) 上記引用箇処.

60) Karl Marx, *Critique of Political Economy*, (Charles H. Kerr & Co., Chicago) 1904, p. 292.

61) 同書 pp. 292-293.

62) Karl Marx, *Theories of Surplus Value Selections*, trans. by G. A. Bonner and Emile Burns, (International Publishers, New York) 1952, pp. 231, 202.

63) Karl Marx, *Capital*, III, (Charles H. Kerr & Co., Chicago) 1909, p. 38.

64) Marx and Engels, *Selected Correspondence*, p. 245.

65) J. S. Mill, *Essays on Some Unsettled Questions of Political Economy*, p. 149.

66) 同書 p. 145.

67) J. C. L. Simonde [de Sismondi], *De la richesse commerciale*, I, (J. J. Paschoud, Geneva) 1803, pp. 100-104, 104n-108n.

68) Ricardo, *Works*, I, p. 17. J. S. Mill, *Principles*, Ashley 版, pp. 566-568; Toronto 版, pp. 578-581.

69) [T. R. Malthus], "Depreciation of Paper Currency", *Edinburgh Review*, February 1811, p. 343.

70) Malthus in David Ricardo, *Works*, VI, p. 41.

71) Friedrich Engels, "Socialism: Utopian and Scientific", Karl Marx and Friedrich Engels, *Basic Writings on Politics and Philosophy*, Lewis S. Feuer ed., (Doubleday & Co., Garden City) 1959, p. 85.

72) 1890 年 10 月 27 日付，エンゲルスからコンラッド・シュミットへの書簡．同書 p. 407.

73) 同書 p. 406.「……あらゆるイデオロギー的領域において，伝統は偉大な保守的力を成す．しかしこの質量が蒙る転換は，いわば階級関係から，この転換を遂行する人々の経済的関連の外へと飛躍する．そしてここではそれで十分である」. Friedrich Engels, "Ludwig Feuerbach and the End of Classical Ger-

man Philosophy", 同書 pp. 240–241. 引用された事例には法律(pp. 235–237)および宗教(pp. 237–238)が含まれている.

74) Ricardo, *Works*, I, p. 22.

75) 同書 p. 21.

76)77) 同書 p. 30.

78)79) 同書 p. 36.

80) John M. Cassels, "A Re-interpretation of Ricardo on Value". *Essays in Economic Thought: Aristotle to Marshall*, J. J. Spengler and W. R. Allen, eds., (Rand McNally & Co., Chicago) 1960, p. 433,

81) [Samuel Bailey], *A Critical Dissertation on the Nature, Measures, and Causes of Value*, (R. Hunter, London) 1825, pp. 12, 100, 121, 122, 127n, 178n, 236, 248.

82) Thomas Sowell, "Marx's 'Increasing Misery' Doctrine", *American Economic Review*, March 1960, pp. 111–120.

83) Marx, *Capital*, I, p. 14.

84) 同書 III, p. 203.

85) Marx and Engels, *Selected Correspondence*, pp. 129–133.

86) 「……平均価格は, アダム・スミス, リカードォ, および他の人々が信ずるように, ただちに商品の価値と一致するものではない.」Marx, *Capital*, I, p. 185n.

87) Karl Marx, "Wage Labour and Capital", Marx and Engels, *Selected Works*, I, (Foreign Languages Publishing House., Moscow) 1955, p. 87. Karl Marx, *Writing of the Young Marx*, L. D. Easton and Kurt H. Guddat eds., (Doubleday & Co., Garden City) 1967, pp. 265–266.

88) Marx, *Capital*, III, p. 223.

89) この言葉あるいはこれに似た説明が次のような文献中に現われる. T. R. Malthus, *Principles of Political Economy*, 2nd edn., pp. 8, 11. Ricardo, *Works*, VII, p. 122. 同著作集 VIII, p. 260. [Malthus], "*Political Economy*", p. 297. Jones, *Literary Remains*, pp. 575, 598, 600. Thorstein Veblen, *The Place of Science in Modern Civilization*, (Augustus M. Kelley, New York) 1961, p. 267.

90) Fritz Machlup, "Marginal Analysis and Empirical Research", *American Economic Review*, September 1946, p. 527. Milton Friedman, *Essays in Positive Economics*, (University of Chicago Press, Chicago) 1962, pp. 4, 39.

91) Thomas Sowell, "The 'Evolutionary' Economics of Thorstein Veblen", *Ox-*

ford Economic Papers, July 1967, pp. 193n–194n.

92) J. S. Mill, *A System of Logic*, Bk. VI, Chap. IX, Sec. 6, p. 594.

93) J. S. Mill, *Essays on Some Unsettled Questions of Political Economy*, p. 160.

94) 同書 pp. 160–164. J. S. Mill, *A System of Logic*, p. 293.

95) J. S. Mill, *A System of Logic*, p. 292. J. S. Mill, *Essays on Some Unsettled Questions of Political Economy*, p. 162.

96) Whately, *Introductory Lectures on Political Economy*, pp. 249–250.

97) Nassau William Senior, *Two Lectures on Population*, (Saunders and Otley, London) 1829.

98) 同書 p. 56.

99) 同書 p. 57.

100) J. S. Mill, *Principles*, Ashley 版, p. 369; Toronto 版, p. 353.

101) Karl Marx, *Wage Labour and Capital*, (Foreign Languages Publishing House, Moscow) 1947, p. 22. Karl Marx, *Theories of Surplus Value*, p. 186. F. Engels, *Engels on Capital*, ed., Leonard E. Mins, (International Publishers, New York) 1937, p. 60. Marx and Engels, *Selected Correspondence*, p. 485. F. Engels, *Herr Eugen Duhring's Revolution in Science*, (International Publishers, New York) 1939, p. 117.

102) Marx, *Wage Labour and Capital*, Sec, XIV, p. 67. Marx, *Capital*, I, pp. 657–658.

103) Marx, *Capital*, III, Chap. XV.

104) Ricardo, *Works*, VI, p. 154.

105) [Malthus], *Political Economy*, p. 315.

106) Ricardo, *Works*, VII, p. 215. Malthus, *Principles of Political Economy*, 2nd ed., p. 402. Malthus, *Definitions in Political Economy*, p. 26 をも見よ.

107) William Whewell, "Prefatory Notice". Richard Jones, *Literary Remains*, p. xvi.

108) J. S. Mill, *A System of Logic*, p. 584.

109) 同書 p. 579.

110) 同書 p. 573.

111) 同書 p. 243.

112) 同書 p. 573.

113) J. S. Mill, *Essays on Some Unsettled Questions of Political Economy*, pp. 138–140.

114) 同書 p. 159.

115) 同書 p. 149.

116) Senior, *Four Introductory Lectures on Political Economy*, p. 27.

117) 同書 p. 28.

118) Jones, *Distribution of Wealth*, p. xv.

119) J. S. Mill, *A System of Logic*, p. 579.

120) 上記引用箇処.

121) Whately, *Introductory Lectures on Political Economy*, p. 246.

122) [Bailey], *A Critical Dissertation on the Nature, Measures, and Causes of Value*, p. xix.

123) 同書 p. vi.

124) [Bailey], *Observations on Certain Verbal Disputes in Political Economy*, p. 1.

125) 同書 p. 4.

126) 同書 p. 71.

127) Malthus, *Definitions in Political Economy*, p. vii.

128) [Bailey], *A Critical Dissertation on the Nature, Measures, and Causes of Value*, pp. xxii–xxiii. [Samuel Bailey], *Letter to a Political Economist*, pp. 52, 54.

129) [Bailey], *Observations on Certain Verbal Disputes in Political Economy*, p. 16.

130) 同書 p. 84.

131) Jones, *Literary Remains*, p. 598.

132) J. C. L. Simonde de Sismondi, *Etudes sur l'économie politique*, II, p. 143. 同書 pp. 227, 228; I, p. 115 も見よ.

133) J. C. L. Simonde [de Sismondi], *Richesse commerciale*, I, p. 105n.

134) 同書 pp. 342–348.

135) ジェイムズ・ミルによれば,「年々の購買と販売は」「つねに釣り合う」であろう(*Commerce Defended*, p. 82). トーレンズにとっては, 供給と需要とは「交換可能な」用語であった(*Edinburgh Review*, October 1819, p. 470). またジョン・スチュアート・ミルは次のように述べた. 供給と需要の均等は「確率的推論ではなく」, むしろ「数学的証明のあらゆる確実性を有するものである」. その理由は「まさに需要と供給という言葉のその意味」によるものである(*Westminster Review*, July 1824, p. 41).

136) セイによる「生産」の定義そのものに，費用を補償する価格での販売という条件が含まれている．(*Cours complet d'économie politique*, I, pp. 345-346, II, p. 209; *Traité d'économie politique*, 5th edn., p. 195)．セイは次のように結論を述べている．真になんらかのものを「生産」することなく，「ごく僅かだけ作られた」ものは別として，「市場に関する私の学説は完全となる」(*Œuvres diverses de J-B. Say*, p. 513)．

137) [Samuel Bailey], *An Inquiry into Those Principles Respecting the Nature of Demand and the Necessity of Consumption Lately Advocated by Mr. Malthus*, (R. Hunter, London) 1821, p. 110.

138) Malthus, *Definitions in Political Economy*, pp. 4-5.

139) Whately, *Introductory Lectures on Political Economy*, p. 241.

140) 同書 pp. 241-243.

141) 同書 p. 244.

142) [Bailey], *Letter to a Political Economist*, pp. 62-63. [Samuel Bailey], *An Inquiry into the Nature of Demand*, p. 8.

143) [Bailey], *Observations on Certain Verbal Disputes in Political Economy*, p. 5.

144) 同書 p. 3.

145) 同書 p. 70.

146) 同書 pp. 5-6.

147) Ricardo, *Works*, VI, p. 295. J. S. Mill, *Essays on Some Unsettled Questions of Political Economy*, pp. 147-148.

148) J. S. Mill. *Essays on Some Unsettled Questions of Political Economy*, pp. 152-153, 154. J. S. Mill. *A System of Logic*, p. 592.

149) J. S. Mill. *A System of Logic*, Bk. III, Chaps, XVII, XVIII.

150) J. S. Mill, *Collected Works*, IV, p. 226. J. S. Mill. *A System of Logic*, p. 238 をも見よ．

151) Schumpeter, *Essays of J. A. Schumpeter*, p. 150.

152) Schumpeter, *History of Economic Analysis*, pp. 472-473.

153) Schumpeter, *Essays of J. A. Schumpeter*, p. 154.

154) Oskar Lange, "The Scope and Method of Economics", *Review of Economic Studies*, XIII, No. 1 (1945-1946), pp. 19-32. Milton Friedman, "The Methodology of Positive Economics", *Essays in Positive Economics*, pp. 3-43.

訳　注

序

訳注 1）ここで「還元主義者」と呼ばれているのは，元来複雑な思想・学説などを過度に単純化してとらえようとする人．

第 1 章

訳注 1）スミス『国富論』第四編は徹底した重商主義批判で，本書中で最も生彩に富んだその叙述は読む者を倦きさせない．しかしこれは，自らの自由主義思想を際立たせるために，比較の対象として印象深く単純化された，いわば「拵えられた物語」であったという面も否定できない．高橋誠一郎はこの点を次のように述べている．「マーカンチリストは其の後継者よりも僅かに一歩遅れたる自由主義者なりき．……(中略)……実にアダム・スミス及び自由主義的経済学説はマーカンチリストの事業を継続し拡張せるものなりき」(高橋誠一郎『重商主義経済学説研究』改造社，昭和 7 年，214 ページ)．スミスの重商主義批判について詳しくは，拙著『アダム・スミス『国富論』を読む』(岩波書店，平成 23 年)の第 5 話をご参照いただきたい．

訳注 2）ここで「経験的世界に説き及ぶ理論」と訳した部分の原文は “a behavioral theory” である．

命題には用語の形式的な意味関連だけが含まれるものと，具体的・経験的世界について説き及ぶ内容をもつものとがある．これは命題の論理的な分類で，カントは前者を「分析的」命題，後者を「総合的」命題と呼んだ．私は “a behavioral theory” を後者に属する理論を指すものと理解し，このように訳した．

34 ページにおいても同じ言葉が現われ，これを「経験的内容をもつ理論」と訳した．44 ページにおいても “a particular theory of behavior” を「経験的世界に説き及ぶ特定の理論」と訳しているが，同じ精神からである．

訳注 3）当時ヨーロッパ諸国で発達しつつあった社会主義思想・共産主義思想と古典派経済学との関連については，本書では殆どふれられていない．G. Lichtheim, *A Short History of Socialism*, (Weidenfeld and Nicolson, London) 1970. 邦訳『社会主義小史』(庄司興吉訳，みすず書房，昭和 54 年)の参読をおすすめする．

訳　注

第２章

訳注 1) **セイの法則**　いま取引の対象になっている貨幣以外の通常の財・用役が l 種類あって，貨幣で測ったそれらの価格を $p=(p_1, p_2, \cdots\cdots, p_l)$，その超過需要函数を $z(p)=(z_1(p), z_2(p), \cdots\cdots, z_l(p))$ と書く．貨幣の需要函数を $m(p)$，その存在量を $\bar{M}$ とすれば，財および貨幣の超過需要函数は

$$\zeta(p)=(z(p),\ m(p)-\bar{M})$$

である．超過需要 $\zeta(p)$ の価値額がすべての p についてゼロに等しいこと，つまり

$$(W)\quad \sum_{j=1}^{l} p_j z_j(p)+(m(p)-\bar{M})=0 \qquad \text{for all } p$$

なる関係をワルラス法則と称する．これに対して本来のセイの法則は，貨幣以外の財・用役の超過需要の価値額の合計がつねにゼロであることを主張する命題と理解することができる．すなわち

$$(S)\quad \sum_{j=1}^{l} p_j\, z_j(p)=0 \qquad \text{for all } p$$

がセイの法則のひとつの表現である．

ワルラス法則を前提とすれば，セイの法則 (S) は

$$(S')\quad m(p)=\bar{M} \qquad \text{for all } p,$$

つまり貨幣市場がつねに均衡状態にあることと同値である．

ただしワルラス法則 (W) を仮定することは，ζ のゼロ次同次性および m の一次同次性の仮定と明らかに矛盾する．実際，(W) を

$$\sum_{j=1}^{l} p_j\, \zeta_j(p)+m(p)=\bar{M}$$

と書き直してみると，左辺は一次同次函数であるのに，右辺は定数で，これは背理である．

訳注 2) 均衡所得理論の意味については，本文 63 ページに簡単な説明が述べられている．

訳注 3) いくつかのセイの法則　ここではセイの法則に内包される六つの主要命題を検討している．私はこれと同じ意図で次の六命題を比較した．

(Ⅰ) 貨幣以外の財の総需要額と総供給額はつねに等しい．(⇔(S))

(Ⅱ) 貨幣の需要・供給はつねに等しい．(⇔(S'))

(Ⅲ) 計画した利潤や投資はつねに実現される．

(Ⅳ)貯蓄と投資の差は労働の超過需要額につねに等しい.

(Ⅴ)貯蓄と投資はつねに等しい.

(Ⅵ)労働市場はつねに完全雇用である.

これらの命題の論理的関係を図示してみると次のようである.

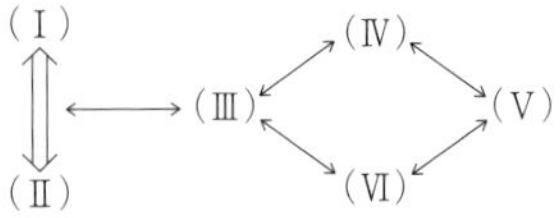

⇒　(*W*)を仮定した場合の関係

→　(*W*), (*S*)および不生産的労働市場がつねに均衡している(あるいは存在しない)ことを仮定した場合の関係

詳しくは, T. Maruyama, "Malthus on Say's Law", to appear in *Keio Economic Studies*, **56**(2023)をご覧いただきたい.

訳注 4) 生産活動をつうじて所得が発生し, その所得が消費や投資の形で生産物需要に向かう. この需要を満たすために生産が行なわれ, 再び所得が発生する……等々. これが「循環の流れ」である. しかし, しばしば発生した所得の一部が生産物の需要に充てられず, 貨幣の形で退蔵される場合がある. これを循環の流れからの「漏れ」と呼んでいるのである.

訳注 5) **貨幣の中立性と数量説**　本章訳注 1)と同じ記号法を踏襲する. 財の超過需要函数 ξ はゼロ次同次, また貨幣の需要函数 m は一次同次であることを仮定する. つまりすべての $\alpha > 0$ に対して, $\xi(\alpha p) = \xi(p)$, $m(\alpha p) = \alpha m(p)$ が成り立つことを仮定するのである. さらにセイの法則(*S*)を仮定するがワルラス法則(*W*)は仮定しない. こうすると(*S*)と ξ のゼロ次同次性から, 財市場の均衡 $\xi(p^*) = 0$ を成り立たせる p^* が決まる. しかしここからはあくまでも相対価格が決まるだけで, 任意の $\alpha > 0$ に対しても $\xi(\alpha p^*) = 0$ が成り立つので, αp^* も財市場の均衡価格である. 次に貨幣市場の均衡を求めるために $\bar{M} = m(\alpha p^*) = \alpha m(p^*)$ を解いて $\alpha^* = \bar{M}/m(p^*)$ とすれば, $\alpha^* p^*$ は財・貨幣いずれの市場をも均衡せしめる.

財市場の実質均衡取引量は $\xi(p) = 0$ を解くことにより, 貨幣市場とは全く独立に決まる(貨幣の中立性). そして貨幣市場では, 貨幣量 $\bar{M}$ の下での絶対価格水準が定まるのである. 貨幣量が $\beta\bar{M}(\beta > 0)$ となれば絶対価格水準も β 倍となることは見易いところであろう(貨幣数量説).

訳　注

第３章

訳注 1）**労働価値説**　財と財との交換比率は，各財１単位の生産に要せられる直接・間接の労働量によって律せられるという命題を労働価値説と称する．生産物の価値を労働を尺度として測ろうとすれば，それは一般には投下労働量を上まわる．他の生産要素の貢献も加算されるから，これは自明である．労働価値説は，それにもかかわらず，二財の交換価値の比率があくまでも投下労働量の比に等しいことを主張するもので，決して自明ならざる命題である．

歴史的に見ると，労働価値説の発生・発達は，交換価値を欲望という主観的な要因に基づいて説明しようとする学説よりもはるかに遅れ，漸く 17 世紀に到って明確な姿を現わしたのであるが，この学説はリカードォを俟って，最も成熟した表現を獲得したのであった．

労働価値説は，ごく単純な経済においても無条件で成り立つものではない．しかしこの命題は，次の三条件が満たされる場合には，その正しさが保証される．（Ⅰ）生産係数は固定的である．（Ⅱ）結合生産は存在しない．（Ⅲ）生産を制約する本源的要素は労働のみである．

さらに固定資本財の介在と，部門間の生産の時間構造の相違を考慮するとき，労働価値説を貫くためには，上記（Ⅰ），（Ⅱ），（Ⅲ）に加えて，次のふたつの追加的仮定を要する．（Ⅳ）部門間の利潤率の均等．（Ⅴ）固定資本の価値と流動資本の価値の比率が部門間において相等しいこと．（Ⅰ）～（Ⅴ）の下で労働価値説が成り立つことは，数学的に厳密に証明することができる．

リカードォは資本の組成の相違が諸財の相対価格に影響を与えることを十分に理解しながらも，その効果は軽微であると考え，相対価格に変化をもたらす主因は技術の変化に基づく労働投入量の増減とみることが近似的には正しいと言明したのであった．リカードォの価値論上の立場が「93% の労働価値説」と称せられるのは，彼のこのような所見によるのである．

本書では，古典学派の理論体系において労働価値説の果たす役割は本質的なものとはみなされていないようである．実際，この学説についての立ち入った議論は皆無である．しかし，とりわけリカードォの場合には，労働価値説が成り立つ状況設定において最も合理的に理解しうる重要命題(たとえば，賃金と利潤の相反)に注目すべきであるし，またマルクスの剰余価値説の基盤としても労働価値説の意義は無視できないと思われる．

訳注 2）ここには収穫逓減という言葉の三つの異なった意味が整理されている．まず二で述べられた状況は，ある特定の等級の土地の，一定の技術の下における労働・資本の限界(平均)生産力が逓減する現象である．一は，各等級の土地

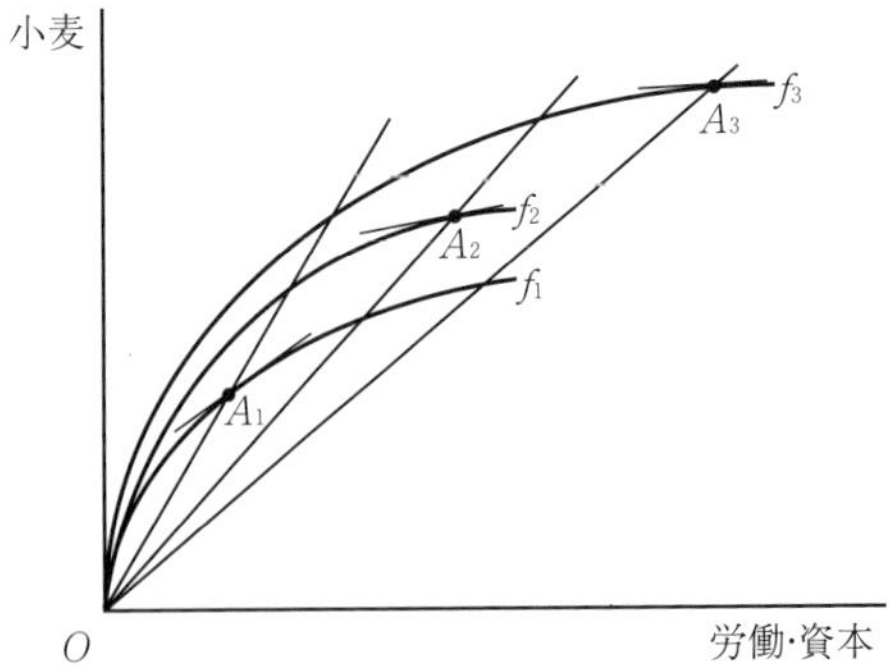

における生産函数(変数は労働・資本の組み合せ)が，より劣等地に移るにつれて下方に変位することを述べている．そして三で語られているのは，一定の土地の生産函数は，技術進歩の結果として上方へ変位するが，時間を通じて実際に実現した軌跡は，限界(平均)生産力の低下を呈している状況である．上図は時点 $t_1<t_2<t_3$ における生産函数 f_1, f_2, f_3 が技術進歩により上方へと変位していくありさまを描いている．t_1, t_2, t_3 における実現値が A_1, A_2, A_3 であるとすれば，これら各点における平均生産力は O と A_1, O と A_2, O と A_3 を通る直線の傾きで示され，図では時間の経過とともに減少している．また各点での限界生産力は A_1, A_2, A_3 における f_1, f_2, f_3 への接線の傾きで，これも次第に減少している．

訳注 3) **差額地代説**　リカードォの分配論の核心をなす差額地代説の要点をごく簡略に説明しておく．この学説には三つの重要な前提がある．

第一に，土地が稀少で，生産物(たとえば小麦)の需要が増加するにつれて，次第に地味劣等なる土地が耕されねばならないこと．

第二に，生産に余裕のある限り，その限度まで人口は増加するという，いわゆる「マルサスの人口原理」．その結果，ひとりあたりの賃金は「生存費」水準に落ち着く傾向がある．

第三に，部門間での利潤率の均等化(これはより高い利潤率を求めて資本が自由に流動する結果である)．

まず土地が十分に潤沢で稀少性のない場合には，土地の占有の有無にかかわらず，一切地代は発生しない．もしある地主が何程かの地代を徴収しようとすれば，土地の借用者はただちにその地主を去って，より低い地代を以て土地の提供に応ずる別の地主から土地を借用しようとするであろう．しかしこの地主も(より低額とはいえ)何程かの地代を要求するとすれば，ただちに第三の地主

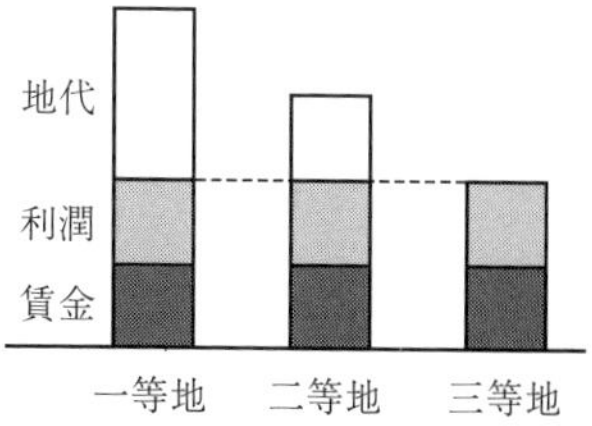

がより安価な地代を申し出るにちがいない．こうして地主間の競争をつうじて，地代はゼロとならざるをえないのである．

だがやがて人口が増大し，量に限りのある優良な土地が使い尽くされて，より劣等な土地に耕作が及ぶとすれば，利用されている最劣等地より地味の優れた土地にはただちに地代が発生する．

いまたとえば三つの，肥瘦の異なる土地が耕作に用いられており，第三等地が最劣等地であるとしよう．これらの土地に等量の労働と資本を投入し，資本はすべて生産期間中，労働者の生活を支えるために前払いされる流動資本(小麦)とする．投下資本を上まわる，いわば純収穫として，第一等地からは 100，第二等地からは 90，第三等地からは 80 単位の小麦が収穫されるものと仮定してみよう．これらの土地に投入された労働者たちへの賃金支払いは(ひとりあたり生存費)×(労働者数)としてあらかじめ計算され，それが図の■部分となる．最劣等地の純収穫 80 単位のうちから，この賃金支払い分を差し引いた残余が，資本家の収入，つまり利潤であり，図では▒で示されている．第一等地，第二等地にも等量の資本が投下されており，利潤率はどの土地でも均等なのであるから，各土地に同額の利潤が発生する．リカードォの理論ではこのように，最劣等地の余剰生産力が農業利潤率を決定し、これが自由な資本流動によって，他の産業分野の利潤率をも決定すると考えられているのである．

すると最劣等地の収穫はすべて(賃金)＋(利潤)として吸収されてしまい，その他の所得の発生する余地はない．最劣等地には未だ耕作されていない過剰が存在するならば，地主間の競争によって，地代はゼロに引き下げられざるをえないからである．しかし一等地，二等地にはそれぞれ 20 単位，10 単位の剰余が生ずるわけで，これが地主の取り分となるのである．

ここに説明された地代の決定原理を差額地代説(differential theory of rent)と称する．しかし，より精密に検討すべきいくつかの問題点が残る．たとえば，ここでは説明のために労働と資本がどの等級の土地にも等量ずつ投入されると想定したが，労働・資本の投入量は実際にはどのように決まるのであろうか．

また最劣等地を上記の説明では第三等地としたが，最劣等地の等級は如何にして決まるのか．さらに，より劣等な土地に耕作を進めるかわりに，既耕地をより集約的に耕作する可能性をも考慮すべきであり，リカードォ自身もこの点に十分気づいている．これらの諸点を整合的に理解するための枠組みについては，M. Morishima, *Ricardo's Economics; A General Equilibrium Theory of Distribution and Growth*, (Cambridge University Press, New York) 1989, pp. 27-28. 邦訳『リカードの経済学――分配と成長の一般均衡理論』，森嶋通夫著作集 6)，高増明・堂目卓生・吉田雅明訳(岩波書店)平成 15 年を参照のこと．

第 4 章

訳注 1) ここには J. S. ミルのいう方法論上の上向法・下向法の考え方が紹介されている．これと同種・類似の方法論がマルクスと C. メンガーによっても説かれていることは興味深い符合である．ただしこの三人の学問を支える哲学的基礎は全く異質であることにも留意しなければならない(113 ページの叙述も参照のこと)．

訳注 2) 学問の方法論を語る場合には，本来，人間は何を知りうるかを問い，知識(あるいはその表現としての命題)の論理的構造を明らかにし，さらに命題の真偽を判定する基準を求めなければならない．カントが『純粋理性批判』のなかで，すべての命題を(Ⅰ)分析的か総合的か(論理的分類)，(Ⅱ)ア・プリオリかア・ポステリオリか(認識論的分類)のふたとおりの準則に従って分類したのも，この根源的な問いに答えるためであった．

本書第 4 章では，このような哲学上の問題に立ち入った考察はなされていない．むしろここでは，古典学派の人々にとって「科学的であること」の意味，叙述のスタイル，そして抽象的原理の実際的適用に際しての姿勢といった方法論の常識的側面に議論の焦点が絞られている．

主要文献一覧

本書中に引用される文献はすべて脚注に表示されているが，そのうちとくに基本的な少数の著作につき，私が日頃手許に備え，利用している版を中心に一覧表として掲げておく．［訳者］

A. Smith, *The Theory of Moral Sentiments*,（A. Millar, A. Kincaid and J. Bell, Edinburgh），1759. 邦訳『道徳感情論』全二冊，水田洋訳(岩波文庫)，平成15年．私は通常『道徳情操論』と訳している．

———, *An Inquiry into the Nature and Causes of the Wealth of Nations*, 2vol's（W. Strahan and T. Cadell, London）1776. 私は通常スミス自身の校訂による最終の版である5th ed., 3vol's（1789）を用いている．邦訳『国富論』(第五版)全4冊，水田洋監訳／杉山忠平訳(岩波文庫)平成12-13年．

———, *The Glasgow Edition of the Works and Correspondence of Adam Smith*, 7vol's, A. S. Skinner ed.,（Clarendon, Oxford）1976-1983.『道徳情操論』および『国富論』はもちろんこの中に収録されている．

T. R. Malthus, *An Essay on the Principle of Population*,（J. Johnson, London）1798. 邦訳『人口論』(初版)永井義雄訳(中公文庫)昭和48年．

———, *Principles of Political Economy*,（John Murray, London）1820. 邦訳『経済学原理』全二冊，小林時三郎訳(岩波文庫)昭和43年．

———, *The Pamphlets of Thomas Robert Malthus*,（Kelly, New York）1970.

H. Thornton. *An Enquiry into the Nature and Effects of the Paper Credit of Great Britain*,（J. Hatchard, London）1802. 邦訳『紙券信用論』渡邊佐平・杉本俊朗訳(實業之日本社)昭和23年．

J-B. Say, *Traité d'économie politique*, 2vol's,（Deterville, Paris）1803. 邦訳『経済学』(第六版)全二巻，増井幸雄訳(岩波書店)大正15-昭和4年．

R. Torrens, *An Essay on the External Corn Trade*,（J. Hatchard, London）1815.

E. West, *Essay on the Application of Capital to Land*,（Underwood, London）1815.

D. Ricardo, *On The Principles of Political Economy, and Taxation*,（John Murray, London）1817. 3rd ed.（1821）. 邦訳『改訂・経済学及び課税の原理』(第三版)全二冊，小泉信三訳(岩波文庫)昭和29年．

———, *The Works and Correspondence of David Ricardo*, P. Sraffa ed., 11vol's（Cambridge Univ. Press, London / New York）1951-1973.『経済学及び課税

の原理』はその第一巻に所収.

Sismondi, J. C. L. Simonde de, *Nouveaux principes d'économie politique*, 2vol's, (Delaunay / Treuttel et Wurtz, Paris) 1819. 英訳 *New Principles of Political Economy*, trans. by R. Hyse (New Brunswick, London) 1991.

James Mill, *Elements of Political Economy*, (Baldwin, Cradock, and Joy, London) 1821.

J. S. Mill, *Principles of Political Economy*, 2vol's (John W. Parker, London) 1848. 邦訳『経済学原理』(第七版) 全五冊，末永茂喜訳(岩波文庫)昭和 34–38 年.

———, *Collected Works of John Stuart Mill*, F. E. L. Priestley ed., (University of Toronto Press / Routledge & Kegan Paul, Toronto) 中の第二，三巻 (1965) が『経済学原理』に充てられている．第四, 五巻の *Essays on Economics and Society* (1967) も有用である.

———, *A System of Logic, Ratiocinative and Inductive*, 5th ed., 2vol's, (Parker, London) 1862.

トーマス・ゾーウェル THOMAS SOWELL
1930年生まれ．ハーバード大学卒業後，シカゴ大学で博士号取得．現在スタンフォード大学フーヴァー研究所ローズ・アンド・ミルトン・フリードマン・シニア・フェロー．専攻は経済学史，社会思想史．代表作に，*Say's Law: An Historical Analysis* (Princeton University Press, 1972)．

丸山 徹
1949年生まれ．慶應義塾大学経済学部卒業．同大学名誉教授，経済学博士．専攻は解析学，数理経済学．長く経済学史の講義も兼担．本書と関連した著作に『アダム・スミス『国富論』を読む』(岩波セミナーブックス，2011年)がある．

古典派経済学再考　　トーマス・ゾーウェル

2024年2月9日　第1刷発行

訳 者　丸《まる》山《やま》 徹《とおる》

発行者　坂本政謙

発行所　株式会社 岩波書店
〒101-8002 東京都千代田区一ツ橋2-5-5
電話案内 03-5210-4000
https://www.iwanami.co.jp/

印刷・精興社　製本・牧製本

ISBN 978-4-00-022979-1　Printed in Japan